SAINT ÉPHREM

POÈTE

THÈSE

PRÉSENTÉE A LA FACULTÉ DES LETTRES DE MONTPELLIER

Par l'Abbé C. FERRY,

SUPÉRIEUR DE LA MAITRISE DE LA BASILIQUE-CATHÉDRALE DE NIMES.

PARIS	NIMES
LIBRAIRIE A. DURAND & PEDONE LAURIEL	LIBRAIRIE J. THIBAUD
9, Rue Cujas, 9.	1, Boul. de la Madeleine, 1.

1877

SAINT ÉPHREM
POÈTE

IMPRIMERIE ADMINISTRATIVE ET COMMERCIALE P. JOUVE.

SAINT ÉPHREM

POÈTE

THÈSE

PRÉSENTÉE A LA FACULTÉ DES LETTRES DE MONTPELLIER

Par l'Abbé C. FERRY,

SUPÉRIEUR DE LA MAITRISE DE LA BASILIQUE-CATHÉDRALE DE NIMES.

PARIS	NIMES
LIBRAIRIE A. DURAND & PEDONE LAURIEL	LIBRAIRIE J. THIBAUD
9, Rue Cujas, 9.	1, Boul. de la Madeleine, 1.

1877

A SA GRANDEUR

Monseigneur L. BESSON

ÉVÊQUE DE NIMES, D'ALAIS ET D'UZÈS.

Hommage d'une profonde vénération.

C. FERRY.

A

MA MÈRE.

C. F.

INTRODUCTION

Nous nous proposons d'étudier saint Éphrem dans ses poésies. Longtemps on n'a vu dans ce grand homme qu'un orateur éloquent. On ignorait le poète, et sans refuser au diacre d'Édesse le titre qui avait fait sa gloire aux yeux de son peuple, on supposait que ses hymnes n'étaient plus qu'un souvenir. M. Villemain (1) lui-même, parcourant la grande édition d'Assemani, ne s'est point aperçu qu'il avait sous les yeux la plupart des poésies dont il regrettait la disparition ; il a passé outre, trompé par le titre de *discours (sermones)* (2) sous lequel le savant éditeur a rangé presque toutes les hymnes d'Éphrem.

---

(1) *Villemain.*—Tableau de l'Éloquence au ive siècle.

(2) Il y a deux sortes de poésie chez les Syriens. La première se compose de vers égaux de sept syllabes, semblables aux vers héroïques des Grecs. —Les Syriens l'appellent *mimro*, c'est-à-dire *discours, homélie, sermon.*— La seconde consiste en un certain nombre de strophes, comme l'ode latine. Ce genre d'hymnes s'appelle *madruscio*, c'est-à-dire *cantique, ode, méditation.*

Pareille erreur ne saurait se reproduire aujourd'hui, grâce à la renaissance des études syriaques. A côté de nous, en Angleterre, en Allemagne, en Italie, les savants se sont justement préoccupés des poésies d'Éphrem (1). En France même on leur rend pleine justice. Déjà M. Dabas, dans un intéressant mémoire (2), trop court malheureusement, avait appelé l'attention du public sur certaines hymnes d'Éphrem. Plus tard, les nouveaux éditeurs de Dom Ceillier ont complété, par une patiente analyse de l'édition d'Assemani, la notice bien insuffisante que Dom Ceillier avait consacrée à saint Éphrem. Depuis, un savant orientaliste, M. Bickell, ayant découvert, dans les manuscrits syriaques du musée britannique, tout un recueil de poèmes inédits appartenant à saint Éphrem, en a donné une traduction soigneusement travaillée, enrichie de précieux commentaires (3). Une publication aussi importante, et qui nous a révélé saint Éphrem, mieux encore que ne l'avait fait Assemani, ne pouvait manquer d'être favorablement accueillie (4). Elle a largement contribué à dissiper les quelques ombres qui planaient encore sur le talent poétique de saint

---

(1) V. la nouvelle édition de Dom Ceillier.—Vivès.—VIII,—73.

(2) *Imprimerie impériale*—1864.

(3) Carmina nisibena sancti Ephræmi Syri, additis prolegomenis, et supplemento lexicorum syriacorum, primus edidit, vertit, explicavit Dr Gustavus Bickell.—Lipsiæ.—Brockaus—1866.

(4) V. le compte-rendu de M. l'abbé Le Hir, dans les *Études religieuses*. Cet article a été inséré, plus tard, dans les *Études bibliques* de M. Le Hir.

Éphrem. Personne, aujourd'hui, ne méconnaît la valeur des hymnes d'Éphrem et, tout dernièrement, un de nos critiques les plus autorisés, parlant des origines de la poésie chrétienne, replaçait saint Éphrem au rang glorieux que ses hymnes lui ont justement mérité (1).

C'en est assez pour que nous ne croyions pas faire une œuvre indifférente en prenant part, dans la mesure modeste de nos forces, au travail de lumière qui se fait autour de saint Éphrem. S'il est vrai que la poésie d'Éphrem, par l'idiome syriaque dont elle est la plus pure et la plus riche expression, reste en dehors de nos grandes littératures classiques, elle est nôtre par les idées chrétiennes qui en sont la substance et le fécond aliment. Du reste, l'étude des littératures étrangères occupe, dans les travaux de la critique contemporaine, une place de jour en jour plus grande. On ne saurait donc nous reprocher de nous arrêter quelques instants devant les chefs-d'œuvre d'une littérature, étrangère à notre éducation, mais qui a eu elle aussi ses jours de gloire et ses triomphes. Dirons-nous que les hymnes d'Éphrem, à part leur mérite littéraire, intéressent aussi l'histoire et la religion? Dans ces contrées de l'Asie, soumises au IV° siècle à l'empire romain, sur lesquelles la politique appelle à cette heure tous les regards, la poésie s'est

---

(1) *M. Gaston Boissier.* — *Revue des Deux-Mondes.* — Origine de la poésie chrétienne. 1ᵉʳ juillet 1875.

toujours mêlée à la vie des peuples. C'est en lisant, en étudiant les poètes que l'on apprend à connaître une époque, une nation. Le vieil Orient, peut-on dire, est ressuscité de nos jours. Il a suffi pour cela de quelques fragments de poèmes retrouvés sur les marbres antiques et déchiffrés après de longues années de labeur. Nous avons dû à ces précieuses découvertes de voir revivre devant nous les civilisations si longtemps ignorées de l'Égypte, de la Chaldée ou de la Phénicie. De même, avec les hymnes d'Éphrem nous retrouvons un peuple, une civilisation disparue. Il est vrai qu'elles ne nous font pas remonter à ces temps fabuleux qui n'appartiennent encore qu'imparfaitement à l'histoire. Elles n'éclairent point d'une lumière inattendue des événements lointains et obscurs. Elles ne font pas surgir tout-à-coup, de la nuit où elles étaient enfermées, des dynasties dont on ne soupçonnait pas l'existence. Elles ne prolongent pas de plusieurs siècles les annales d'un peuple ; mais, grâce à elles, nous pénétrons plus intimement dans la vie intérieure de l'empire. L'hymne d'Éphrem nous met en face d'un peuple fidèle, malgré la conquête, à ses traditions et à ses mœurs ; qui, envahi par la civilisation grecque et romaine, n'en conserve pas moins son amour pour le chant, la musique et la poésie telle que ses ancêtres l'ont aimée : peuple enthousiaste et rêveur, aux croyances naïves, à l'esprit subtil, mélange indéfinissable d'exaltation mystique et d'enfantine simplicité. Les mêmes hymnes éclairent vivement l'action de l'Église sur les populations récemment converties à la foi. Elles nous montrent le christianisme rattachant les fidèles à l'empire, les groupant contre l'ennemi commun, purifiant et fortifiant leurs mœurs. Elles nous font assister à la double lutte de la religion contre le schisme et l'hérésie et nous offrent, dans des proportions réduites sans doute, la vivante image de la société chrétienne traversant une de ses crises les plus douloureuses. Tels sont les horizons qu'ouvre devant nous la poésie d'Éphrem. Enfin, l'étude elle-même d'un personnage tel qu'Éphrem n'a-t-elle pas son charme et son attrait? Combien d'auteurs inconnus qui n'ont pas laissé de traces dans l'histoire n'ont dû leur célébrité qu'aux vertus aimables ou à la séduisante originalité de caractère qui se reflétait dans leurs œuvres. On a été charmé, en les lisant, de trouver un homme là où on croyait ne rencontrer qu'un auteur; aussi est-ce vers eux que nous nous tournons dans nos heures de recueillement et de loisir. En dehors même de son rôle historique, par lui-même, par sa nature ardente et sympathique, qui tient à la fois du religieux, de l'apôtre, du missionnaire et du poète, Éphrem est un sujet d'étude des plus attrayants. Nouveau motif pour arrêter notre choix sur les hymnes du poète syrien.

D'ailleurs nous avons ramené notre travail aux modestes proportions de nos forces. Nous n'avons pas entrepris de répondre aux questions si complexes et si délicates qui auraient pu si facilement se dresser sur notre route. Un jour peut-être nous rapprocherons dans un tableau plus vaste, en écrivant la vie de saint Éphrem, l'orateur, le poète et le religieux. Pour le moment nous bornerons notre étude aux seules poésies d'Ephrem. Même parmi celles-ci force nous a été de faire un choix. Plusieurs d'entre elles ont été évidemment altérées. D'autres en plus grand nombre, et particulièrement celles qui sont traduites du grec, ne s'écartent guère des lieux communs ordinaires de morale traités par les Pères de l'Église. Elles ne présentent aucun trait saillant, rien qui porte l'empreinte sûre et ineffaçable de la nationalité et du génie de l'auteur. Pour éviter les longueurs et les difficultés qu'aurait pu soulever une juste critique, nous nous sommes décidés à faire porter uniquement notre travail sur les hymnes contre les hérétiques, les poèmes publiés par M. Bickell et les chants funèbres. Nous avons également laissé de côté la question purement philologique. Elle relève d'une science spéciale dont les difficiles secrets sont réservés à des hommes autrement compétents que nous en pareille matière. Nous espérons d'ailleurs que cette absence, quoiqu'on puisse la regretter, n'influera pas sur notre travail au point d'en dénaturer l'ensemble ou d'en modifier les conclusions. Toute poésie renferme deux éléments, l'un extérieur, matériel pour ainsi dire ; l'autre plus intime, plus personnel : le premier comprend les mots ou les sons ; le second les pensées. Ces deux éléments ne sont pas tellement unis qu'on ne puisse les séparer. Est-il absolument nécessaire, pour connaître un homme, d'avoir sous les yeux sa physionomie extérieure ? L'étude de son âme, de ses pensées ne peut-elle pas suffire à cette connaissance ? et si la figure est le miroir de l'âme, l'âme à son tour, quand nous l'interrogeons directement, ne peut-elle pas nous répondre sans intermédiaire, et mieux encore, nous expliquer ce corps lui-même dont elle est le moteur et la vie ? Il en est de même pour certaines poésies. Derrière les mots qui ne sont que leur ornement extérieur, on peut atteindre leur âme, et quand celle-ci nous a livré ses mystères, il nous manque peu de choses pour les apprécier sainement. En outre, l'hymne d'Éphrem est peu variée dans sa forme. La langue y dépend plutôt du nombre des syllabes qui marquent régulièrement la cadence du vers que des mots eux-mêmes qui la composent. L'étude de ce rhythme aurait assurément son utilité : elle ne nous paraît pas indispensable pour juger une poésie qui réside bien moins dans les expressions que dans les pensées qu'elles interprètent. Nos limites ainsi fixées, il nous restait à trouver un plan qui nous permît d'échapper à la monotonie et d'embrasser en même temps dans son ensemble la vaste carrière poétique de saint Éphrem. Pour arriver à ce résultat, nous avons cru bien faire en divisant les hymnes d'Éphrem en plusieurs groupes correspondants aux divers sujets abordés par le poète, ces sujets étaient désignés à saint Éphrem par la mission qu'il s'était donnée et qui peut se résumer en quatre points principaux : *défendre* l'Église contre l'ennemi du dehors, l'*affermir* au dedans contre les tentatives de schisme, *venger* la doctrine chrétienne attaquée par l'hérésie, *entretenir* sa vie spirituelle par les hymnes et les prières liturgiques. Nous avons adopté pour notre travail cette quadruple division. Nous commencerons par retracer dans un chapitre préliminaire la vie de saint Éphrem, introduction nécessaire à notre étude. Et puis nous suivrons pas à pas l'hymne du poète sur les différentes scènes où son influence se fait sentir. Nous la verrons d'abord à Nisibe, opposant la prière et la foi aux attaques réitérées des Perses. Elle nous appelera ensuite dans le sanctuaire où, médiatrice pacifique, elle cherche à resserrer les liens qui unissent le pasteur à son troupeau. De là nous descendrons avec elle dans l'arène religieuse où elle lutte si vaillamment pour la défense de la vérité. Enfin nous retournerons avec elle dans le temple, et nous prêterons l'oreille aux chants liturgiques par lesquels elle célèbre les divins mystères et les solennités de la religion. En parcourant cette route à la suite d'Éphrem, nous nous demanderons dans quelles circonstances ces hymnes ont été composées, sur quel fond de doctrine elles reposent, quelles idées y sont mises au jour, quel mouvement leur imprime la forme poétique, sous quel jour enfin elles représentent saint Éphrem. Ce plan simple et modeste aurons-nous réussi à le remplir ? Aurons-nous, suivant notre désir, rendu à la poésie d'Éphrem sa véritable physionomie et fixé ses traits d'une manière durable devant l'histoire et la critique ? Si notre insuffisance justifie nos craintes, le nom, le génie d'Éphrem nous rassurent. Lorsque le champ est fertile, le grain que l'on y jette, d'une main même inexpérimentée, ne laisse pas de germer et mûrir ; ainsi sur ce riche terrain de la poésie d'Éphrem nous avons pensé que nos efforts, quels qu'ils fussent, ne resteraient pas infructueux. Voilà l'espérance que nous avons conçue. Elle sera l'excuse de notre témérité auprès des juges éclairés auxquels nous soumettons notre ouvrage ; heureux si nous l'avions rendu plus digne d'une bienveillance qui ne s'est jamais démentie depuis notre première épreuve littéraire jusqu'à ce jour, et à laquelle ils nous permettront de rendre, en terminant ces lignes, cet hommage public de reconnaissance.

CHAPITRE PRÉLIMINAIRE

VIE DE SAINT ÉPHREM.

L'histoire est sobre de détails sur saint Éphrem. Après bien des siècles, l'érudition n'a pas encore complétement dissipé l'obscurité qui enveloppe la vie de ce grand homme. Les Docteurs des églises Grecque et Latine, placés plus près de nous, sinon par le temps où ils vécurent, du moins par leur génie, leur langue, la scène sur laquelle s'exerça leur influence, ont fixé depuis longtemps l'attention de la critique. Grâce à des travaux multipliés, leur passé revit aujourd'hui : la lumière s'est faite sur leur personne aussi bien que sur leurs œuvres (1).

---

(1) Parmi les études les plus récentes qui ont eu pour objet les Pères de l'Église, nous nous contenterons de citer ici les ouvrages de MM. Thierry, Lagrange, Bernard, sur saint Jérôme; de M. Fialon, sur saint Basile; de MM. Poujoulat, Nourrisson, Bougaud, sur saint Augustin; de M. Benoist, sur saint Grégoire de Nazianze; etc., etc.

Il n'en est pas de même de saint Éphrem. Si la célébrité qu'il acquit comme orateur et comme poète franchit de son vivant les frontières de la Syrie et pénétra dans le monde latin (1) ; si après s'être maintenue dans le moyen âge (2), elle brille de nos jours d'un plus vif éclat, nous ne possédons encore, sur la vie elle-même du docteur de la Syrie, que des détails incomplets. Il n'existe guère que deux sources auxquelles aient puisé jusqu'ici les biographes de saint Éphrem : son *Panégyrique*, attribué à saint Grégoire de Nysse (3), ses *Actes* (4), dus à un auteur anonyme, et traduits, vers la fin du dernier siècle, du syriaque en latin, par Assemani. Saint Grégoire a loué dans Éphrem l'orateur populaire, à la parole ardente et pathétique ; il a mis en relief le côté austère et pénitent de cette vie arrosée de larmes, imprégnée de foi et d'humilité ; mais il a gardé le silence sur la patrie et la famille d'Éphrem, les villes où il exerça son ministère, la véritable nature de ce ministère. L'auteur des Actes est plus complet ; compatriote d'Éphrem, écrivant dans la

---

(1) *S. Hieron.* de Script. Ecclesiast. — *S. Greg. Nyss.* — *Sozomen.* — *Assemani*, proleg. opp. Éphr.

(2) *Florus Lugdun.* apud D. Ccillier, art. *S. Éphrem.*— *Vincent. Bellovac.* Spec. Hist. xv, 87. *Trithemius* de Script. Ecclesiast. N. 78.

(3) Nous disons attribué, parce que l'on a élevé quelques doutes, peu fondés, d'ailleurs, sur l'authenticité de cet ouvrage. *Tillemont*, viii, 735.

(4) *Assemani*, proleg. 8, III.

même langue que le saint docteur, connaissant mieux ses ouvrages, il donne des détails biographiques que l'on ne retrouve pas dans le panégyrique.

Malheureusement, les *Actes*, œuvre d'admiration et d'enthousiasme sincère, sont dépourvus de l'esprit de critique si nécessaire à la gravité de l'histoire. Composée plus de cent ans après la mort d'Éphrem (1), cette biographie n'est, à proprement parler, qu'un recueil des souvenirs ou des traditions populaires qui environnaient, à cette époque, le nom de l'illustre poète. L'auteur n'a pas même essayé de concilier entre elles ces diverses légendes et de découvrir la vérité qui se cache sous leurs apparentes contradictions (2). Il parle avec éloge des poésies de saint Éphrem et signale brièvement leur merveilleuse influence (3) ; mais sa grande préoccupation, à laquelle l'amour-propre national n'est peut-être pas étranger, est de montrer, dans saint Éphrem, le prophète de la nouvelle loi, le docteur directement inspiré de Dieu, le grand thaumaturge de la Syrie. Pour lui, saint Éphrem devient un autre saint Paul, reproduisant, dans le cours de son apostolat, les miracles accomplis par l'Apôtre des gentils (4).

---

(1) *Wœnig*. Schola Syriaca.—*Æniponte*, 1876—x, 4, viii.
(2) M. Asleben a publié sur ce sujet un opuscule intéressant. Berlin, 1853.
(3) Acta, xxxiii.
(4) S. Éphrem apaise une tempête. Act. xxii. — Il ressuscite un enfant mortellement atteint par une vipère. Ibid. xxxi, etc. — Quant à l'exemple d'humilité donné par Éphrem dès sa jeunesse, on peut lire le même fait dans les Histoires Apostoliques. — *Fabricius*. Codex Apocryph. Nov. Test.

A travers les illusions de cet enthousiasme, nous discernons, cependant, mieux que dans le panégyrique de saint Grégoire, le caractère réel de la mission de saint Éphrem. C'est une esquisse aux lignes quelque peu vagues, une ébauche aux nuances encore indécises. Toutefois, une certaine majesté respire dans cette physionomie imparfaitement éclairée et ces traits, bien que confus et mollement accusés, présentent dans leur ensemble quelque chose d'imposant.

Pour combler les lacunes du Panégyrique, ou contrôler les affirmations des Actes, il faut recourir aux œuvres d'Éphrem. Encore cette aide nous a-t-elle paru bien insuffisante. Éphrem est l'homme de son peuple et de son temps : il ne s'appartient pas à lui-même. Profondément dévoué à la religion, à la patrie, ses poèmes n'ont pas d'autre but que celui de les défendre. Aussi y chercherait-on vainement ces confidences discrètes sur soi-même, ces aveux intimes que tant de poètes éprouvent le besoin d'épancher au sein d'un invisible ami. Éphrem, loin de se raconter lui-même, se cache à son lecteur. Il ne parle de sa personne qu'en termes généraux. On dirait une formule banale, invariable, qui revient régulièrement à la fin de chacun de ses poèmes (1). Une seule fois Éphrem a paru déroger à cette loi qu'il s'était imposée. Pour l'édification de ses frères, il voulut, comme le fit plus tard saint

---

(1) Carm. Nisib. passim.

Augustin, confesser publiquement les fautes de sa jeunesse (1).

L'écrit qui contenait ces aveux touchants est-il bien celui que nous possédons aujourd'hui? N'a-t-il pas été modifié, augmenté, dénaturé par les traducteurs grecs, ainsi que le supposent les éditeurs? (2) En l'absence de tout manuscrit syriaque, il est difficile de répondre à cette question, et l'on comprendra que la Confession d'Éphrem, publiée par Vossius et reproduite par Assemani, ne nous inspire qu'une médiocre confiance.

Il est donc à peu près impossible de donner une biographie exacte et complète du poète syrien (3). Nous nous bornerons à résumer, dans cette étude, ce qui paraît dès maintenant acquis à l'histoire, au sujet de saint Éphrem. Quelque insuffisantes que soient nos recherches, peut-être contribueront-elles à aplanir les voies à ceux qui viendront après nous.

Lorsqu'à la suite de la tentative séditieuse d'Arius, le premier concile œcuménique se réunit à Nicée,

---

(1) *Photius*. Bibliotheca. 396. Ed. Coloniæ. 1611.

(2) Quæ plurima de suis peccatis interjicit, magis ex animi submissione ad aliorum institutionem proferre, quam *ex veritate* censet *Vossius*, etc. » *Asseman*. Proleg.

(3) Ce serait le cas de répéter ici les graves paroles de Sozomène parlant de Saint Éphrem : « Ἐπαξίως δὲ εἰπεῖν καὶ περὶ πάντων διεξελθεῖν ὡς ἐκεῖνος δεήσει συγγραφέως οἷος αὐτός… Ἄπορον εἶναι τοῦτο καθορῶ ὑπό τε ἀσθενείας λόγων καὶ ἀγνοίας αὐτῶν τε τῶν ἀνδρῶν καὶ ὧν καθόρθωσαν…. ἀρετὴν μὲν ἐργαζόμενοι, κλέπτοντες δὲ τὴν ἀληθῆ περὶ αὐτῶν δόκησιν ὥστε μὴ ἐπαινεῖσθαι παρὰ τῶν ἄλλων….» Sozom. Patr. gr. LXVII, col. 1092.

au premier rang des défenseurs de la foi catholique, on vit figurer un personnage illustre par sa sainteté et sa doctrine : Jacques, évêque de Nisibe (1). Jacques était accompagné d'un jeune élève à peine sorti de l'adolescence. Au nom symbolique d'Éphraïm ou *abondant*, que portait cet enfant de Nisibe, venait s'ajouter un autre présage : celui d'un songe merveilleux qui avait favorisé ses premières années. Éphrem, pendant son sommeil, avait vu sa langue transformée en un cep vigoureux et fertile (2). Les oiseaux du ciel accouraient en foule pour se nourrir de son fruit, et plus leur nombre croissait, plus aussi se multipliaient les grappes mystérieuses, de sorte que tous trouvaient sur les lèvres d'Éphrem une abondante nourriture. Dans la langue allégorique des Syriens, la vigne est l'emblème de l'inspiration poétique. Les grappes représentent les hymnes et les cantiques, fruits de cette inspiration. Le songe d'Éphrem promettait donc un poète, un poète inspiré et fécond. Jamais présage, on peut le dire, ne fut trouvé plus fidèle dans ses promesses.

Les biographes d'Éphrem ne sont pas d'accord sur les circonstances qui l'amenèrent devant saint Jacques. Selon les *Actes*, ce fut à la suite de persécutions exercées contre lui par un père idolâtre, que le jeune

---

(1) Syrorum Maronit. Menolog. *die 12 jan.* Cf. Hist. Ecclésiast. — Bibl. Orient. — *Wœnig*. loc. cit.

(2) Testament. Ephræm. — *Assem.*, ii, 395 ; vii, in fine.

Syrien chercha un asile auprès de son évêque (1). D'après la *Confession,* Éphrem privé de bonne heure de ses parents qui auraient subi le martyre, et déjà chrétien et baptisé, mena d'abord une vie errante dans les plaines de Nisibe. Accusé faussement d'un crime capital, jeté en prison, traduit devant les tribunaux, il ne dut sa liberté qu'à des incidents extraordinaires où il reconnut la main de la Providence. Rentrant alors en lui-même, après avoir passé quelques jours dans la retraite, sous la direction d'un pieux solitaire, il alla trouver saint Jacques qui l'admit au nombre de ses élèves (2).

L'école où fut reçu saint Éphrem devait appartenir à ces institutions qui remontent aux premiers temps de l'Église, et d'où sortirent plus tard les écoles épiscopales et les maîtrises du moyen âge (3). Saint Jacques, ainsi que nous l'apprennent les Actes, en même temps qu'il gouvernait son église, instruisait aussi la jeunesse. Des auditeurs encore enfants se groupaient autour de lui. Il les recevait dans sa demeure, les initiait aux fonctions de la cléricature, mûrissait et développait leur intelligence par des études régulières

---

(1) Act. II.

(2) *Assemani* proleg. I, 119. — La confession de saint Éphrem a été traduite en français. — *Correspondant.* VIII. — *Guillon :* Bibliothèque des Pères.

(3) *Assemani.*— Bibl. Orient., t. VI, p. 924.

auxquelles il présidait et qu'il dirigeait lui-même (1). La science des Saintes Écritures formait le fond presque exclusif de cette première éducation (2). En Syrie, plus que partout ailleurs, une pareille méthode était nécessaire. Indépendamment de son autorité comme œuvre inspirée, la Bible convenait admirablement par sa forme littéraire aux mœurs et aux traditions des Syriens. Ceux-ci, pour l'accepter, n'avaient dû vaincre aucune des répugnances qui se manifestèrent dans la société romaine et dont saint Jérôme nous fait l'aveu (3). La hardiesse des prophètes, la majesté des Psaumes, la sublime naïveté des Évangiles, loin de choquer le Syrien, exerçaient au contraire sur lui un charme extraordinaire. Ne retrouvait-il pas dans la Bible l'histoire de ses ancêtres, le paysage de l'Orient, le ciel sous lequel il vivait, les plaines, les montagnes, les déserts qui bornaient son horizon? La langue hébraïque n'était-elle pas une sœur de la langue syriaque (4)? La poésie des écrivains sacrés, poésie grandiose, toute

---

(1) Act. ii. — « Ille adolescentem in catechumenorum collegium adscivit... Interea egregiis sancti pastoris monitis puer perfectè imbuebatur, quem S. Pastor auditorem habere, et apud se retinere plurimum gaudebat. » — Sur ces colléges des catéchumènes, V. saint Augustin : De Catechis. rud. cap. i.

(2) « Divina eloquia et psalmos Davidicos celeriter didicit. » — Act. iii.

(3) « Si quando, in memetipsum reversus, prophetas legere cœpissem, sermo horrebat incultus... » Ep. 22, ad Eustoch.

(4) *Wœnig*. Schola Syriaca, i.

d'apostrophes et de mouvements hardis, n'était-elle pas sa poésie nationale? Ajoutons cet attrait extérieur à l'influence que donnait aux Saintes Écritures leur caractère sacré au sein de la religion chrétienne, enfin victorieuse du paganisme, et nous ne nous étonnerons plus que la Bible ait apparu aux yeux des Syriens comme le *Livre* par excellence, le seul dans lequel il fallût chercher l'explication du passé, et la révélation de l'avenir. Aussi, dans les grandes luttes religieuses qui se livrent en Syrie dès l'origine du christianisme, les Juifs et les Hérétiques s'efforcent-ils d'arracher à l'Église les Saintes Écritures : les premiers au moyen des interprétations du texte sacré enseignées dans les écoles thalmudiques (1), les seconds par des imitations adroites dont ils remplissent la contrée (2). Les fidèles, de leur côté, ne restent pas inactifs ; aux écoles et aux commentaires des Juifs ils opposent l'enseignement traditionnel, qui leur vient des Apôtres, qui se transmet d'église en église par l'imposition des mains, et se perpétue par la succession non interrompue des évêques. Ils répondent aux Hérétiques en publiant les versions exactes et authentiques des deux Testaments (3). En Syrie, on ne se contente pas

---

(1) V. *Darras*. Histoire de l'Église.

(2) *Fabricius :* Codex Apocryph. V. et N. Testamenti.— V. Brunet : Les Évangiles Apocryphes d'après l'édition de *J. C. Filo*.—Paris, 1863.

(3) *Wiseman*. Hor. Syriac. — *Wœnig*. Loc. cit. XLIII.

d'expliquer la Bible et de fixer les divers sens de la parole sacrée. Celle-ci devient une source féconde d'hymnes et de cantiques religieux. Les improvisations des *Thérapeutes*, au milieu de l'office divin, sont le premier essai de ces commentaires poétiques (1). A mesure que le christianisme se répand et que la question religieuse domine progressivement toutes les autres, la poésie sacrée se transforme. Elle sort de l'Église : elle descend dans les villes et les campagnes. Le lévite, l'artisan, le laboureur, le soldat répètent les strophes du commentateur. Tous gravent profondément dans leur mémoire, en même temps que le texte biblique, les vers qui l'accompagnent. Voilà le chant populaire qui se retrouve sur leurs lèvres, au milieu de leurs occupations journalières : chant religieux et national qui reflète dans ses paraphrases, ses allégories, ses symboles, les moindres accidents de la vie politique et sociale des Syriens (2). On peut donc affirmer que les écoles chrétiennes de Syrie, où l'on commentait les Saintes Écritures, n'étaient pas seulement des écoles d'érudition. Là, se

---

(1) « Alors le président se lève et chante un hymne à Dieu, qu'il a récemment composé lui-même ou tiré de quelque ancien poète..... A la suite du président, chacun en fait autant, avec ordre, avec la décence qui convient ; les autres écoutent dans le plus grand silence, excepté quand il faut chanter les dernières paroles de l'hymne et du refrain. » *Philon : De la vie contemplative*. Traduction de M. Ferdinand de Launay : *Moines et Sibylles*. —Paris, 1874.

(2) *Théodoret*. Lect. Hæret. col. 92 — *Sozom.*, lib. III, 16.

formait le poète chargé d'improviser dans le temple, de parcourir en missionnaire les églises de la province, afin d'y semer, sous une forme poétique, la parole de vie, de composer, enfin, les hymnes et les odes religieuses, destinées à être apprises, récitées et chantées par tout le peuple des fidèles : mission délicate et redoutable qui, au milieu des troubles suscités par les hérésies, devenait à la fois une gloire et un danger, tant pour le lévite qu'elle exposait aux séductions de la popularité et de l'orgueil que pour l'Église qui lui confiait le soin de défendre et de propager la vraie doctrine (1). Ainsi, bien des siècles auparavant, sous l'ancienne loi, le prophète Samuel avait ouvert des écoles de poètes commentateurs : « loin du bruit des armes et de la trompette guerrière, les jeunes poètes chantaient les louanges de Jehovah, aux sons plus doux du luth et de la harpe. Dans une paisible retraite, ils se préparaient à leurs chaleureuses prédications en méditant sur Dieu et sur le vrai sens de la loi..... ces colléges étaient destinés à exercer une grande influence, et à prendre rang parmi les pouvoirs de l'État en représentant la loi sous son véritable esprit, avant tout spirituel » (2).

---

(1) Sur les écoles de la Syrie, aux premiers temps du christianisme, on peut lire la thèse fort intéressante soutenue, devant la Sorbonne, par Mgr Lavigerie, aujourd'hui archevêque d'Alger. — *Essai historique sur l'École chrétienne d'Édesse.*—Paris, 1850.

(2) *Munk.* La Palestine.—Paris, 1845.

Le fondateur de la première école de Nisibe, saint Jacques, maintint l'exégèse biblique dans la voie ouverte par les Apôtres et suivie par l'Église. Il fut, par excellence, l'homme de l'autorité (1). Religieux fervent, confesseur intrépide, Syrien lui-même et connaissant le génie de son peuple, il mit en garde ses élèves contre les discussions subtiles et les interprétations hasardées. La simplicité, la clarté furent les caractères de son enseignement (2). Au besoin, il savait user de rigueur pour conserver le bon ordre parmi ses disciples (3). Cette conduite était sage ; aucune ne convenait mieux à la situation de Nisibe. A peine convertie à la foi, travaillée encore par les idolâtres, Nisibe avait besoin d'un guide fort et éclairé qui affermît ses pas chancelants dans les régions nouvelles pour elle du christianisme. En outre, frontière extrême de l'empire, elle était exposée à de continuelles alarmes. Les Perses, qui l'avaient longtemps possédée, épiaient l'occasion de reprendre aux Romains une citadelle aussi importante (4). La présence de ce danger imminent imposait à l'évêque de

---

(1) Nous nous étendrons plus longuement dans le chapitre III sur le caractère de saint Jacques.

(2) « Primus (Jacobus) verbis *simplicibus* dedit lac infantibus hujus ». Carm. Nisib. xiv, 15.

(3) « Primus dilexerat et perterruerat eam.—Filia *Jacobi,* in infantiâ suâ directa est ab altissimo, per blandimenta et *virgam* ». — Carm. Nisib. xiv, 18, 19.

(4) *Bickell.* Proleg. iv.

Nisibe un rigoureux devoir politique que lui commandaient également les intérêts de la religion. Il fallait réunir étroitement, par les liens d'une même foi, les habitants de la ville menacée, afin qu'aux jours de l'invasion ils pussent opposer à l'ennemi la force de résistance qui résulte de l'entente. Quand même la vigoureuse et énergique nature de saint Jacques n'eût pas été disposée par elle-même à la sévérité, les événements politiques qui s'annonçaient à l'horizon ne permettaient pas au pasteur de Nisibe de se conduire autrement. Aussi le grand évêque resta-t-il inébranlable dans sa ligne religieuse et politique. Tant qu'il vécut, aucun membre de son clergé, aucune portion de son troupeau n'eut le courage de s'élever contre son chef, ou de se séparer de son maître. Fidèle à son prince comme il l'était à son Dieu, Jacques inspira aux habitants de Nisibe, les derniers venus de la famille romaine, un amour profond pour leur nouvelle patrie. Ils en témoignèrent avec éclat dans les trois siéges successifs qu'ils eurent à supporter en moins de vingt ans (1).

Tel était le maître aux pieds duquel vint se jeter saint Éphrem au sortir d'une adolescence inquiète et agitée. Saint Jacques reconnut bientôt dans son élève des qualités éminentes. Nous avons vu que, pendant le concile de Nicée, il voulut en faire le confident de ses émotions, comme s'il pressentait en lui le futur

---

(1) *Lebeau.* — Histoire du Bas-Empire, I. passim.

docteur des Syriens (1). Sans doute le grand spectacle qui se déroula alors sous les yeux d'Éphrem affermit puissamment dans l'âme du jeune chrétien les leçons de saint Jacques. Présent à ces assises solennelles de l'Église catholique, Éphrem se sentit saisi d'une ardente admiration pour l'unité de l'Église et sa divine hiérarchie. Dans l'attitude de l'empereur devant les évêques et des évêques en face de l'empereur, il put contempler les heureux résultats d'une politique intelligente, la plus capable de maintenir la paix au dehors comme au dedans de l'Église. Plus tard, au milieu des déchirements qui désoleront sa patrie, la pensée d'Éphrem se reportera avec regrets vers ces jours de prospérité, et il ne dépendra pas du poète qu'ils ne reviennent encore luire sur la Syrie (2).

Saint Jacques, de retour à Nisibe, s'occupa de compléter l'éducation d'Éphrem. Il voulut que son élève, en avançant de plus en plus dans l'étude des livres saints, prît également quelque teinture des lettres profanes (3). Éphrem répondit aux désirs de son maître. Pénétré des beautés solennelles de la

---

(1) *Wœnig*. Schol. Syriac., xlv. — Act., v.

(2) « Primus sacerdos et primus rex tanquam alter ad alterius formam formati erant, et sicut æquâ lance ponderati erant. Ita hi ultimi quoque sibi invicem similes sint! » Carmina Nisibena, xxi, 20.

(3) C'est ce que l'on peut conjecturer d'après les paroles de saint Grégoire de Nysse dans son Panégyrique d'Éphrem. V. p. suivante.

Bible qui ravissaient son ardente imagination, il goûta, sans s'y laisser séduire, les charmes artificieux de la philosophie des rhéteurs (1). Il n'eut pas de peine à préférer, à ces nouveautés qu'il appelait dangereuses, le poème autrement sublime des deux Testaments. Le texte sacré demeura le sujet de ses continuelles méditations pendant ces heureuses années de recueillement, employées à amasser un véritable trésor d'images, de sentences bibliques, qu'il répandit plus tard à profusion dans ses ouvrages (2).

En même temps, saint Jacques initiait son disciple aux secrets d'une vie mortifiée, humble, irréprochable (3). A son exemple, Éphrem apprit à croire, à espérer, à parler et à se taire à propos, à se tenir invinciblement attaché aux traditions apostoliques, à repousser, comme une funeste illusion, toute doctrine que n'aurait pas consacrée l'autorité de l'Église, à se dévouer pour son peuple, à se donner tout entier à la défense de la foi.

Contenu par la main énergique de saint Jacques, le génie d'Éphrem, loin de s'épuiser en efforts hâtifs et désordonnés, ménagea prudemment ses forces et

---

(1) Saint Grégoire nous apporte ce renseignement précieux :
« Οὐ μόνον δὲ ταύτης τῆς ἡμετέρας καὶ θεοπνεύστου σοφίας ὅλον τὸ πνευματικὸν κρατῆρα ἐκπέπωκε, καὶ τοῖς ἄλλοις μετέδωκεν, ἀλλὰ καὶ τῆς ἔξω κοσμικῆς ὅση τε περὶ τὸ νοημάτων βάθος ὅτι μάλα ἐξασκήσας, ὅσον μὲν χρήσιμον προσελάβετο, ὅσον δ'ἀνόνητον ἀπεβάλετο. » Patr. gr. XLVI. 830.

(2) « Sacrorum codicum lectioni vacabat. » Act., v.

(3) Id. ibid.

sut les conserver dans toute leur plénitude jusqu'aux jours du combat. (1). L'évêque de Nisibe eut la joie de constater publiquement les heureux résultats de son éducation. Nous savons, en effet, qu'avant l'année 338 (2), époque à laquelle mourut saint Jacques, Éphrem avait été placé à la tête de l'école syriaque de Nisibe (3).

Douze ans après, en 350, sous l'épiscopat de Vologèse, second successeur de saint Jacques, nous rencontrons Éphrem dans tout l'éclat de ses fonctions de poète religieux et national. Il encourage son peuple assiégé par Sapor, il console, exhorte et réprimande au besoin. Nisibe n'est pas seule à éprouver l'action bienfaisante du poète. La lyre d'Éphrem est l'écho qui répète au loin les douleurs de toute la province. Elle pleure avec les habitants des campagnes, sur les moissons ravagées par le fer du soldat. Elle gémit sur les cités voisines détruites par Sapor. Elle se lamente sur les chrétiens traînés en captivité ou expirant dans les tortures de la soif. Enfin, lorsque l'empereur Julien s'efforce, par ses émissaires, de rétablir dans Nisibe le culte des idoles, Éphrem vient

---

(1) Les premières hymnes d'Éphrem, qui aient une date bien certaine, ne remontent pas plus haut que l'année 350.

(2) Sur cette date qui a été longtemps ignorée, v. *Bickell*. Proleg. IV.

(3) *Benattab*. Apud *Assemani*. Bibl. Orient. IV, 925.

en aide à Abraham successeur de Vologèse, et la victoire reste aux chrétiens (1).

Tel fut le rôle du poète dans sa patrie, jusqu'au jour où Jovien la remit aux Perses (363). Chassé de sa ville natale par le triomphe des ennemis, Éphrem suivit d'abord ses compatriotes et vint, se fixer à Amida (2). Il n'y demeura que quelques mois. Dieu l'appelait sur une scène plus vaste. Dans Nisibe, en butte aux attaques continuelles de l'ennemi, au milieu du bruit des batailles, la voix d'Éphrem ne se faisait entendre que de ses concitoyens. Il n'en sera pas de même à Édesse, la brillante capitale de l'Osrhoène. Éphrem y entre pauvre, inconnu, déjà touché par la vieillesse. Lorsqu'il meurt, dix ans après, son nom est célèbre, non-seulement en Syrie, mais encore dans tout l'Orient. Éphrem n'alla pas au-devant de cette renommée. Les malheurs de sa patrie étaient trop récents pour qu'il pût se dévouer, sans transition aucune, à une œuvre nouvelle. Peut-être même avait-il connu dans Nisibe les dangers de la popularité et, après tant d'années d'un laborieux ministère, son humilité répugnait-elle à une tâche qui, en satisfaisant l'ardeur de son zèle, faisait retomber sur lui une lourde responsabilité. Deux

---

(1) Nous devons tous ces détails aux hymnes publiées par M. *Bickell* ; la première série de ces hymnes i-xxi a été composée a Nisibe.

(2) Act., x. V. sur Amida et l'émigration des chrétiens de Nisibe dans cette ville, *Ammien Marcellin* xxv, 7.

sentiments contraires se partageaient l'âme d'Éphrem ; il était pressé par deux aspirations opposées et presque également puissantes : l'une qui l'entraînait vers les déserts et les rigueurs d'une vie pénitente ; l'autre qui le ramenait avec non moins de force aux travaux du missionnaire et de l'apôtre. Éphrem considérait avec une admiration mêlée d'envie (1) les solitaires qui étonnaient alors le monde oriental par leurs prodiges de mortification. Leur vie de sacrifice, de renoncement absolu à soi-même, lui semblait l'idéal vraiment digne des âmes chrétiennes, l'unique voie de salut offerte à cette vieille société romaine ébranlée déjà par l'approche des barbares. Dans le désert, nul obstacle ne venait se placer entre Dieu et la créature ; rien n'y troublait le recueillement de la conscience se préparant par la prière et les austérités à comparaître devant son juge. Là, du moins, on n'avait pas sous les yeux l'affligeant spectacle des rivalités et des ambitions malsaines, des tentatives de révolte et de schisme qui se produisaient trop souvent dans les rangs du clergé séculier. Loin du monde et de ses séductions,

---

(1) Éphrem encore à Nisibe comparait les humiliations volontaires des ascètes et leurs mortifications à la vaine science des clercs. *Carm. Nisib.* vii. 9, 10. On peut lire aussi, dans son magnifique sermon sur les *Pères défunts*, l'éloge des religieux anachorètes et l'on distinguera facilement dans ses paroles son amour pour la vie solitaire et son regret de ne pouvoir l'embrasser.

échappant au contact d'une société livrée à ses vices impurs, perdu au sein d'une salutaire obscurité, l'anachorète n'appartenait plus à la terre. La mort n'avait pas de surprises pour lui ; elle n'était que la récompense légitime de ses travaux (1). Ces considérations assiégeaient sans cesse l'imagination d'Éphrem. Quel que fût cependant son attrait pour la vie contemplative, il n'osa y céder pendant son séjour à Nisibe. Mais quand les Perses revinrent en vainqueurs dans sa patrie, l'élève de saint Jacques crut le moment arrivé de satisfaire des aspirations longtemps combattues. Il se trompait. Partagé entre son humilité qui le pressait de se cacher à tous les regards, et la conscience de la haute mission à laquelle il se sentait appelé, Éphrem hésita quelque temps.

Une légende conservée par son biographe reproduit fidèlement les péripéties du combat qui agita l'âme du poète chrétien (2). Éphrem, entrant à Édesse, essaya, à l'exemple des apôtres, de vivre du travail de ses mains. Il employait les heures de liberté que lui laissait son métier manuel, à prêcher aux idolâtres

---

(1) « Voyez l'onagre comme il bondit dans les forêts ! Et le cerf, qui pourrait égaler sa vitesse quand il court dans les bois ? mais s'ils abandonnaient leurs retraites touffues, s'ils descendaient dans les plaines, leur front perdrait sa couronne. Que cet exemple t'instruise, ô chrétien ! Retire-toi dans la solitude, tu périrais au milieu de la foule ! » *Ephr. Serm. de diversis*, 17.

(2) Act. xvii.

la vérité chrétienne. Un religieux, assistant par hasard à une de ces prédications populaires, fut surpris de rencontrer, perdue dans la foule, une pareille éloquence. Il engagea vivement Éphrem à se retirer au milieu des cénobites qui avoisinaient en grand nombre la ville d'Édesse. Éphrem suivit ce conseil. Il fixa son séjour dans une grotte peu éloignée d'Edesse. L'ancien élève de saint Jacques mit à profit le temps qu'il ne donnait pas à la prière et au travail des mains. Il s'occupa activement de rédiger ses commentaires sur l'Écriture dans l'intention de les répandre sans se faire connaître; mais la providence déjoua le calcul de l'humble solitaire. On lui déroba son manuscrit : on le porta à Édesse, où les écoles chrétiennes, rivales des écoles thalmudiques établies dans la même ville (1), avaient puissamment développé l'herméneutique et l'exégèse sacrées. L'œuvre d'Éphrem communiquée au clergé d'Édesse et lue publiquement excita sans peine l'admiration des chrétiens. Une foule nombreuse se mit en marche pour aller contempler et entendre le nouveau commentateur de la Genèse. Éphrem en est averti; son humilité s'épouvante. Il tremble d'être découvert; il fuit à la hâte et s'enfonce dans une forêt sauvage. Il veut s'ensevelir dans cette profonde solitude, y mourir pour le monde, n'y vivre que pour Dieu. Mais l'ange du Seigneur a

---

(1) *Assemani*. Bibl. orientale. IV 928.

suivi le fugitif; sa voix résonne soudain aux oreilles d'Éphrem : « Où vas-tu? D'où viens-tu? » Confus, Éphrem suspend sa marche. « Je cherche, répond-il, la solitude et la paix. Je fuis les tempêtes et les orages du siècle. » Et l'ange réplique : « Prends garde que l'on ne t'applique ce qui a été écrit : Éphrem est une génisse rebelle. Elle a rejeté le joug de son épaule. » Alors Éphrem fond en larmes : « Qui suis-je, s'écrie-t-il, pour que vous m'appliquiez un tel oracle? » « Personne, répond l'ange, n'allume un flambeau pour le mettre sous le boisseau, au lieu de le placer sur le candélabre. » Les hésitations d'Éphrem cessent aussitôt (1). Avec plus de promptitude qu'il ne fuyait tout-à-l'heure, il revient vers Édesse et, sur le seuil de la porte, levant les yeux au ciel, comme un guerrier prêt à entrer dans la lice, il déclare qu'il est prêt à combattre l'hérésie quelle que soit la forme sous laquelle elle se présente. Il n'y eut donc qu'une bien courte lacune dans l'œuvre d'Éphrem. Interrogé par les maîtres et les docteurs d'Édesse, le poète de Nisibe les convainquit bientôt de sa science. Barsès, évêque d'Édesse, imitant saint Jacques, confia à Éphrem la direction de l'école syriaque dans sa ville épiscopale (2). Ces

---

(1) Qui ne voit ici, dans l'ange qui parle à Éphrem, la personnification éloquente des craintes et des remords qui assaillaient Éphrem quand il essayait de renoncer à sa mission?

(2) *Benattab.* Loc. citat.

hautes fonctions, dans une cité aussi populeuse, au moment où l'arianisme, soutenu par les empereurs, excitait en Syrie les plus violentes discordes (1), demandaient, pour être dignement remplies, autant de science que de dévoûment. Éphrem avait déjà rencontré à Nisibe les partisans d'Arius (2) et les avait combattus avec persévérance. Il déploya la même énergie contre les Ariens de l'Osrhoène et Barsès ne fut pas longtemps sans se féliciter du nouvel auxiliaire que lui envoyait la Providence.

L'éloquent commentateur attira bientôt autour de lui les populations chrétiennes. Les Juifs, les païens eux-mêmes coururent l'entendre. Effrayés des progrès sans cesse croissants de son influence, les adversaires de la foi catholique essayèrent de fermer la bouche à leur redoutable antagoniste (3) ; ils recoururent à la violence. Éphrem poursuivi et maltraité dut céder à l'orage. Il se retira dans sa grotte suivi des disciples qui s'étaient déjà attachés à leur nouveau maître (4). Ici commence, selon toute vraisemblance, la période la plus fructueuse du ministère d'Éphrem.

La voix du poète ne se perdit pas dans la soli-

---

(1) 363-373.
(2) V. les premières hymnes du recueil de M. Bickell.
(3) Act. xviii.
(4) Voici, en effet, ce que disait saint Éphrem sur son lit de mort, s'adressant à un de ses disciples : « Maras vir aghilæus... Ille tibi cum justis mercedem sanctorum tribuat, qui me in tribulatione secutus fuisti. » Testam. s. Ephr.

tude. Elle retentit plus que jamais au milieu des fidèles. C'était chaque jour une hymne nouvelle en l'honneur du dogme chrétien qui, de la grotte où elle prenait son essor, s'en allait d'Église en Église, de cité en cité et, répétée par des milliers de voix, se répandait en un instant d'un bout à l'autre de la province (1). Éphrem remplit, dès ce moment à Édesse, une mission pareille à celle de saint Athanase à Alexandrie, de saint Basile à Césarée, de saint Hilaire dans les Gaules, d'Ambroise à Milan, d'Augustin à Hippone. Il ne différa de ces grands hommes que par les circonstances accidentelles de temps, de personnes et de lieux qui accompagnaient son enseignement. Pauvre, sorti des derniers rangs du peuple, élevé par la charité de son évêque, il n'avait aucune des connaissances classiques familières à la haute société de son temps. On ne l'avait pas vu comme Bardesane, son compatriote et son prédécesseur en poésie (2), comme saint Grégoire de Nazianze et tant d'autres personnages illustres de l'Église, emprunter à l'antiquité profane ses beautés les plus touchantes pour en parer son éloquence (3). Aucune relation suivie avec les

---

(1) *Sozom.* Hist. Éccl. 3. Patr. gr. LXVII.

(2) *Sozom.* Loc. citat.

(3) On pourrait rapporter ici l'éloge d'Apollinaire, placé immédiatement après celui d'Éphrem, par Fabricius : « Laudatur Apollinaris Syrus, qui Homeri, Menandri, Euripidis, Pindari vestigiis et imitatione carmina varii generis et artificii edidit, et in scholas græcas atque asiaticas hebræis argumenta historiis deligens, poeticam divinam et salutarem invexit. » *Fabricius* : Christianorum poetarum thesaurus. Epist. dedicat.

princes et les grands, aucune intimité avec la cour ne rehaussait son prestige aux yeux de la foule. L'épiscopat ne communiquait pas à sa parole l'auguste autorité d'un caractère sacré (1). On en est réduit aux conjectures sur les fonctions modestes occupées par Éphrem dans la hiérarchie sacerdotale. Éphrem n'avait à son service ni la puissante dialectique de saint Jérôme, ni le génie organisateur de saint Basile, ni la large et belle éloquence de saint Jean Chrysostome. Sa chaire était le seuil de sa grotte (2), son auditoire ordinaire, non ce monde lettré, subtil et railleur, dernier héritier de l'art grec et de ses traditions, qui se pressait dans les métropoles de l'Orient impérial ; mais un peuple presque étranger à la civilisation romaine, un peuple aux mœurs patriarcales, enthousiaste et mystique, naïf et solennel : auditoire vraiment unique où le citoyen opulent coudoyait le pasteur nomade et le lévite l'artisan ; où se trouvaient confondus le Syrien, l'Arabe, le Juif et le Romain, l'infidèle et le chrétien. Pour dominer cet auditoire, Éphrem avait une arme irrésistible : il était poète. Il chantait, pour ainsi dire, l'Ancien et le Nouveau

---

(1) *Sozomène* rapporte qu'Éphrem contrefit l'insensé pour échapper à cette dignité. *Soz.* Loc. cit.

(2) Dans l'exorde d'un de ses discours, le Saint fait allusion au grand nombre d'auditeurs qui le pressent de tous côtés : « Quoniam conglobati me premitis undique. » Serm. Exeget. xii.

Testament (1) lorsque, abandonnant la simplicité du commentaire, il retraçait en un style digne de l'épopée les grandes scènes de la Bible : Abraham sacrifiant Isaac, Joseph vendu par ses frères, Ninive ramenée par Jonas (2) à la pénitence, Lazare sortant plein de vie du tombeau. Poète dans ses commentaires, Éphrem ne l'était pas moins dans ses explications quotidiennes du dogme catholique ; c'était par ses hymnes qu'il arrêtait les schismes et réfutait les hérésies. Chaque tentative nouvelle de révolte contre l'autorité ou la foi de l'Église ouvrait dans son âme comme une nouvelle source d'inspiration, et pour détruire plus sûrement le mal, Éphrem donnait à ses poèmes le rhythme et la cadence qui popularisaient la poésie de l'erreur (3). C'était également en vers qu'il célébrait les martyrs (4), qu'il exaltait les sacrifices et les gloires de la vie religieuse (5), qu'il rappelait à ses auditeurs tour à tour tremblants et ravis, les terreurs du jugement dernier ou les beautés sereines du Paradis (6). Les austérités d'Éphrem, son dédain

---

(1) V. les Homélies d'Éphrem sur les patriarches et les prophètes de l'ancien Testament : Abraham, Noé, Joseph, Daniel, etc.

(2) H. Burgess a traduit en entier le remarquable discours d'Éphrem sur le repentir des Ninivites : « The repentance of Niniveh : a metrical Homily on the mission of Jonah, by Ephrem Syrus. » London, 1853.

(3) *Sozomène.* Loc. jam. citat.

(4) Act. xxxiii.

(5) Paræneses ad Monachos.

(6) Sermones de adventu, de paradiso Eden

absolu des honneurs de ce monde, les larmes qui sillonnaient continuellement son visage, ce qui fait dire à son panégyriste, que pleurer lui était aussi naturel que respirer aux autres (1) hommes, le feu de sa parole où dominait le pathétique, toutes ces circonstances qui font à Éphrem une place à part au milieu des docteurs de l'Église contribuèrent puissamment à établir son influence dans Édesse et dans la Syrie.

Le peuple de l'Osrhoène crut posséder dans Éphrem un apôtre, un homme providentiel à qui était échue la grande mission de détruire l'hérésie (2). Ainsi considéré et acclamé, le poète d'Édesse ne perdit rien de son humilité. Tandis que, dans leurs hymnes ou leurs chansons populaires, les hérétiques étalaient leur prétendu savoir (3), leurs vertus imaginaires, il n'est presqu'aucun des ouvrages d'Éphrem où nous ne l'entendions protester de sa faiblesse et de son indignité. S'il jette un regard sur ses travaux, ce n'est qu'en tremblant et avec confusion. La seule pensée qu'il dirige et aide de ses conseils une Église

---

(1) *Greg. Nyss.* Encom. s. *Ephr.* « Ὡς γὰρ πᾶσιν ἀνθρώποις σύμφυτον τὸ ἀναπνεῖν, καὶ ἀεὶ ἐνεργούμενον, οὕτως Ἐφραὶμ τὸ δακρυῤῥεῖν.... » Patr. gr. xlvi, col. 830.

(2) Act. xvii.

(3) Arius, dans le début même de son poème intitulé Thalie, ne manquait pas de se décerner les éloges les plus pompeux. « Τούτων κατ'ἴχνος ἦλθον ἐγὼ βαίνων ὁμοδόξως, ὁ περικλυτός, ὁ πολλὰ παθὼν διὰ τὴν θεοῦ δόξαν, ὑπό τε θεοῦ μαθὼν σοφίαν καὶ γνῶσιν ἐγὼ ἔγνων. » Patr. gr. xxvi. 20.

comme celle d'Édesse le trouble et le désole (1). Et cependant les dix années de son séjour à Édesse pouvaient-elles être plus pleines de mérites et de travaux qu'elles ne le furent en réalité? Il faut, en effet, rapporter à cette époque de la vie d'Éphrem le grand commentaire sur l'Écriture qui embrassait l'Ancien Testament tout entier et les quatre Évangiles (2). Peut-être aussi Éphrem s'occupa-t-il alors d'une révision complète de l'ancienne version syriaque (3). C'est aux habitants d'Édesse qu'Éphrem adressa ses nombreuses hymnes contre Bardesane, très-populaire encore dans sa patrie. Édesse reçut la première, des lèvres d'Éphrem, la réfutation poétique des Eunomiens et des Apollinaristes. C'est à Édesse qu'Éphrem fonda une célèbre école de poètes qui jeta, dans la suite, une vive lumière sur l'Église syriaque (4). Enfin, c'est pour les habitants d'Édesse que le poète de Nisibe composa ses odes liturgiques et ses chants des morts si justement renommés (5). Du reste, si la capitale de l'Osrhoène appela sur elle le principal effort du génie

---

(1) « Næ tu rudem ac erudiendum discipulum accepisti, ut etiam jubeas baculum pastoralem tenere. » Serm. LVI. adv. Hœres. ad finem.

(2) Ce Commentaire a été publié par Assemani, en partie seulement. Les Commentaires sur le nouveau Testament n'ont pas encore été traduits. Ils existent dans l'édition arménienne des Méckitaristes, à Venise.

(3) *Wiseman.* Hor. syriac. — *Migne.* Démonst. Evangel. XVII.

(4) V. la Thèse déjà citée de Mgr Lavigerie et celle de M. Renand sur les écoles d'Édesse.

(5) Act. XXXIII.

d'Éphrem, nous ne pensons pas qu'elle ait entièrement absorbé l'action du poète. Il y eut quelque chose du missionnaire dans l'existence d'Éphrem : saint Grégoire de Nysse l'indique en termes obscurs en parlant du voyage d'Éphrem à Édesse (1). D'ailleurs, le tempérament ardent du poète se prêtait à cette vocation. Ainsi, quelques mois seulement après son entrée à Édesse, Éphrem intervient dans le différend qui divisait l'Évêque de Carrhes, Vitus, et une partie de son clergé. Les dernières strophes de l'hymne composée par Éphrem à cette occasion permettent de croire qu'il s'était rendu personnellement à Carrhes. Il y a là une allusion certaine à la vie un peu errante du poète. Éphrem demande au Seigneur que la terre de Carrhes se couvre de cèdres et de myrtes odorants, c'est-à-dire que l'Église soumise à Vitus produise des prêtres et des chrétiens charitables et mortifiés. « Puissent, ajoute le poète, les rameaux de ces arbres offrir un abri aux oiseaux fatigués par la longueur du voyage et qui viennent chanter votre gloire, ô mon Dieu, dans des hymnes et des cantiques comme le faisait David (2) ! » Les disciples que formait Éphrem étaient pareillement destinés aux fonctions de poètes-missionnaires. Nous en avons une preuve dans

---

(1) Ἦν γὰρ ('Εφραὶμ) κελεύσεσι θείαις πειθήνιος εἰ καί τις ἄλλος... Ἐντεῦθεν τὴν ἐνεγκαμένην ὡς ὁ ἐκεῖνος κελευσθεὶς Ἀβραὰμ τῶν Ἐδεσσηνῶν κατέλαβε πόλιν.... » Patr. gr. xlvi, col. 830.

(2) Carm. Nisib. xxxi. 36. 37,

les souhaits que sur son lit de mort Éphrem faisait entendre à chacun de ses élèves : « Siméon, dit-il à l'un d'eux, que le Seigneur vous exauce quand vous l'invoquerez dans la prière. Quelle que soit la ville où vous entrerez, qu'aussitôt vous remplissiez son église comme une coupe qui déborde. Que les épouses et les vierges sortant de leurs retraites, affluent vers vous pour recevoir de vos lèvres la parole de vie (1) »

Mais, s'il est permis de croire qu'Éphrem se montra comme missionnaire sur divers points de la Syrie, rien n'indique qu'il ait franchi cette province pour aller répandre ailleurs la prédication évangélique. Les Actes, il est vrai, mentionnent un voyage d'Éphrem en Égypte (2). Parmi les œuvres d'Éphrem, on peut lire aussi une série d'exhortations, envoyées aux moines de cette contrée (3). Un pareil indice ne suffit pas pour que l'on adopte sans réserve l'affirmation des Actes (4). Un autre voyage d'Éphrem, plus certain et surtout plus célèbre, est celui qu'il fit en Cappadoce pour y visiter saint Basile. M. Villemain l'a raconté dans une page où la fine élégance du critique se laisse pénétrer des teintes adoucies de la poésie orientale (5). Éphrem,

---

(1) S. Éphr. — *Assem*. Testam. II, 402-40.

(2) Act., XXXII.

(3) Paræneses ad monachos ægyptios.

(4) Ainsi conclut très-justement Wœnig : « Etiam iter in Ægyptum instituisse perhibetur, parvâ testimoniorum fide. » Schol. Syriaca, XLV.

(5) Tableau de l'Eloquence chrétienne au IVe siècle.

du fond de sa retraite, a entendu une voix céleste qui lui disait : « Lève-toi, et nourris-toi de pensées. » Il se lève, et se dirige vers Césarée, où se trouve Basile, le vase d'élection qui contient l'aliment précieux. En entrant dans l'église, où l'évêque instruit les fidèles, Éphrem porte ses yeux vers le sanctuaire, et voilà qu'il aperçoit sur l'épaule de Basile une colombe blanche comme la neige. Goutte à goutte, elle laisse tomber de son bec dans l'oreille du pontife les paroles divines que celui-ci répète à son peuple. Éphrem saisit aussitôt le sens de cette vision. La blanche colombe figure l'Esprit-Saint qui inspire saint Basile et lui dicte les sages leçons qu'il distribue aux fidèles. Le poète d'Édesse veut, lui aussi, recevoir sa part de cet enseignement merveilleux. Il se présente devant l'archevêque, qui lui donne le baiser de paix; puis il le suit dans sa demeure, et, pendant plusieurs jours, lui, l'ennemi infatigable de la philosophie et de la dialectique grecques, il se livre au charme, inconnu encore à son imagination, d'une éloquence qui respire à la fois la sobriété de l'atticisme et les ardeurs de la pensée chrétienne (1).

Selon les traditions les plus vraisemblables, Éphrem reçut de saint Basile l'ordre du diaconat (2). Nous n'avons

---

(1) Act. xxv. *Assemani*. Amphiloci narratio. Proleg.

(2) Tous les textes qui peuvent être cités en faveur de l'opinion contraire peuvent s'entendre du diaconat. Nous ne prétendons pas cependant prononcer définitivement. Cf. *Bollandistès*, 6 février.

rencontré nulle part les souvenirs d'une ordination faite par saint Jacques, Vologèse ou Babu, évêques de Nisibe, ou par Barsès, évêque d'Édesse et dans laquelle aurait figuré saint Éphrem. D'ailleurs, l'humilité du poète, les nécessités de sa vie de missionnaire, l'indépendance qu'il tenait à garder vis-à-vis du clergé inférieur et séculier, auquel il ne ménage pas les avertissements, expliquent suffisamment l'abstention d'Éphrem. Il ne se soumit que sur les instances de saint Basile ; mais il n'eut pas longtemps à exercer ses fonctions hiérarchiques. Son voyage à Césarée eut lieu quelques mois après l'élévation de saint Basile au siége métropolitain, dans les derniers mois de l'année 370. A ce moment, les Ariens, soutenus par l'empereur Valens, soulevèrent à Édesse un schisme qui se prolongea plusieurs années (1). Éphrem se hâta de revenir dans sa seconde patrie. Une fois de plus, ses hymnes ramenèrent au bercail ceux que l'hérésie lui avait enlevés (2). Dès lors, les préoccupations d'Éphrem se portèrent vers la mort, que sa vieillesse lui annonçait comme prochaine. Ses dernières hymnes portent la visible empreinte de ces craintes religieuses, qui l'avaient poursuivi toute sa vie, mais revenaient plus puissantes

---

(1) *Bickell*. Proleg. 9. Sur ce schisme, v. Théodoret. Hist. Eccl., 4-16.

(2) « Eodem tempore B. Ephræmo nuntiatur in urbe Edessâ exortam fuisse hæresim perniciosissimam, erroribus novem conflatam. Quamobrem ab invicem Ephræmus et Basilius separantur. » Act. xxviii.

à mesure que l'heure décisive approchait (1). La cruelle famine, qui désola Édesse, au commencement de l'année 373, arracha le poète à ce travail de préparation humble et confiante. On sait comment Éphrem parvint, par ses prières, à obtenir des citoyens opulents, qui habitaient Édesse, d'abondantes aumônes, comment il fut nommé le distributeur de ces richesses, avec quelle sagesse et quelle ingénieuse charité il secourut les pauvres et les malades (2).

Quand l'hiver eut cessé et que le printemps, avec l'espoir des moissons, eut ramené le calme et la tranquillité dans l'Osrhoène, le vieux solitaire reprit le chemin de sa grotte. Il allait y mourir. Avant de se séparer de ses frères, il leur laissa un dernier adieu dans son testament, poétique et admirable résumé de sa vie (3). La seule lecture de ces quelques pages peut mieux que toute autre étude nous faire connaître le caractère d'Éphrem. Le saint vieillard s'y révèle en entier et en traits ineffaçables, soit qu'il adjure ses frères de se tenir inviolablement unis à l'Eglise, soit que, fidèle à l'humilité jusqu'au dernier soupir, et même après

---

(1) Hymni parænetici seu Hortationes ad pœnitentiam.

(2) *Sozomen.* Loc. citat. *Villemain*, Tableau de l'éloquence chrétienne. *Bollandistès*, 6 février.

(3) Il existe deux versions différentes du testament de saint Éphrem. Celle qui nous a paru présenter les caractères les moins contestables d'authenticité a été publiée par Assemani, d'après un manuscrit syriaque du Vatican. Ed. Rom. II, 395.

la mort, il supplie son peuple de traiter ses restes mortels comme ceux d'un étranger (1), soit que, jetant un regard prophétique sur les disciples qu'il a longtemps instruits, il leur prédise leurs victoires ou leurs chutes.

Nous n'essaierons pas de refaire, après tant d'éminents écrivains, le tableau de la mort d'Éphrem (2). Peut-être au moment où la population entière d'Édesse accompagnait à son lieu de repos la dépouille mortelle du grand docteur, faisait-elle entendre ces touchantes paroles dues à la lyre d'Éphrem : « O fleuve de vie, comment votre lit est-il maintenant desséché? O talent, qui portiez un si riche intérêt, qui nous a ravi vos trésors? Arbre magnifique, quelle main envieuse a secoué vos branches et fait tomber vos fruits? Trésor opulent de sagesse! Ecrin qui conserviez

---

(1) Pour comprendre ce qu'avait de particulièrement humble ce désir d'Éphrem, il faut savoir jusqu'à quel point la richesse des funérailles intéressait l'amour-propre des Syriens. Nous traduisons ici un passage de saint Jean Chrysostome, qui nous donne à ce propos de curieux détails; « Combien de fois n'ai-je pas entendu dire : « Un tel est mort hors de chez lui, mort » misérablement comme un chien. Personne des siens ne l'a assisté, aucun » tombeau ne l'a reçu. C'est à peine si deux ou trois voisins, sans en avoir » été priés, au moyen de quelques aumônes, sont parvenus à l'ensevelir. » Je veux, avant d'aller plus loin, redresser cette erreur. Non, mourir hors de chez soi, ce n'est pas mourir comme un chien. Il meurt plus misérablement que ce vil animal celui qui meurt dans le péché, mais non celui qui meurt hors de chez lui. Ainsi, ne me parlez pas d'un tel, que l'on emporte sur un lit doré, qui s'en va escorté de la ville entière, loué par la foule, à qui l'on a généreusement prodigué les tuniques de soie et les tissus d'or. Tout ce luxe ne sert qu'à une chose : à préparer aux vers un festin plus succulent.» S. Jean Chrysost. Homil. de S. Droside.

(2) V. entre autres Villemain, Guillon. Mgr Lavigerie, etc.

les divines institutions! Source d'érudition, qui donc vous cache maintenant à nos regards? Vous avez été la colonne et l'honneur de notre Église, la trompette des prophètes, le héraut des apôtres, l'oracle des deux Testaments, l'interprète de la doctrine inspirée d'en haut, le messager envoyé du Ciel pour annoncer le retour de notre nature à une vie nouvelle, l'heureux cultivateur de notre champ, le gardien vigilant de notre vigne, celui qui multipliait nos moissons. Et voici que ces terres cultivées par vous gémissent sur votre mort et pleurent amèrement votre absence! Homme excellent, choisi par Dieu pour répandre l'Évangile, qui vous êtes levé sur les habitants de cette contrée, semblable à l'astre du matin, qui donc a éteint votre flamme? Qui a suspendu l'effort de vos saints combats? » (1) De pareils éloges, en ce qui

---

(1) *Necrosima.* in funere Presbyt. et Monach. xi.

(2) La date de la mort de saint Éphrem n'est pas encore clairement fixée. Nous avons admis l'opinion de M. Bickell qui place cette mort en 373. Cependant, quelque justes que paraissent les calculs du savant orientaliste, nous ne nierons pas que le sentiment qui recule jusqu'en 378-379 la mort de saint Éphrem, ne s'appuie sur des raisons très-sérieuses. Il est très-probable, quoiqu'en dise M. Bickell, qu'Éphrem était présent à Édesse à l'époque où Valens persécuta les catholiques. Les Actes l'affirment formellement ; ce qui appuie leur affirmation, c'est l'hymne composée par Éphrem à cette occasion, hymne dont ils citent quelques fragments, et il faut reconnaître que les citations des Actes, quoique incomplètes et inexactes, ont toujours cependant un fond indubitable d'authenticité. Du reste, la date de 373 ne permet guère d'expliquer les rapports, certains cependant, qui ont existé entre saint Basile et saint Éphrem. Cf. *Bollandistès*, 6 février. *Asleben*, das Leben des Heil. Ephræm.

concerne saint Éphrem, ne sont point exagérés. La vie que nous venons d'esquisser à grands traits, cette vie à la fois obscure et lumineuse, est bien celle d'un saint, d'un docteur, d'un apôtre. Trop souvent nous n'avons pu suivre son humble trame. Les plaines de la Syrie, les collines de l'Osrhoène n'ont pas encore laissé échapper tous les secrets de la mission dont elles furent les témoins au ive siècle. A leur défaut, les poésies d'Éphrem parleront. C'est en elles, dans ces monuments précieux, que nous allons étudier l'élève de saint Jacques, le chantre d'Édesse, l'adversaire de Bardesane, le liturgiste de la Syrie. Heureux si nous parvenons à faire connaître, sinon comme il le mériterait, du moins dans une certaine mesure, celui qu'un de nos critiques éminents appelait naguère un des plus grands poètes de l'Orient (1).

---

(1) *Gaston Boissier*. Revue des Deux-Mondes. Des origines de la poésie chrétienne. 1er juillet 1875.

CHAPITRE PREMIER

ÉPHREM ET LA PROVINCE ROMAINE

Bickell : Carmina Nisibena. — Hymni i — xiii.

Nous avons exposé sommairement le rôle d'Éphrem à Nisibe, après la mort de saint Jacques. C'est par les hymnes qui nous ont révélé l'action politique du saint diacre sur son peuple, que nous commencerons notre étude sur les poésies d'Éphrem. On affecte aujourd'hui de mettre en antagonisme la religion et la patrie. Les hymnes d'Éphrem nous apprendront comment un chrétien sait unir dans un seul et ardent amour son pays et sa foi.

Le premier de ces poèmes remonte à l'année 350. Nisibe était alors assiégée par les Perses. Depuis près de quatre mois, la valeureuse garnison, commandée par le comte Lucilianus, résistait aux attaques de

Sapor; mais le moment semblait venu où les efforts désespérés des assaillants arracheraient à l'empire romain cette importante citadelle.

Sapor n'avait rien négligé pour assurer le succès de cette troisième tentative : sur le bord du fossé qui défendait l'enceinte de Nisibe, il avait fait construire un retranchement aussi élevé que celui de la ville assiégée (1); détournant ensuite les eaux du Mygdonius, il les engagea dans l'espace qui restait libre entre les deux enceintes (2). Les flots, retenus au bas de la ville par une digue, atteignirent bientôt le niveau du rempart (3). Nisibe crut sa perte assurée : les eaux du Mygdonius venaient battre ses murailles; un ennemi plus terrible encore que les Perses, l'inondation, menaçait de la détruire complétement. La situation de cette malheureuse ville, sur le point d'être submergée, rappelait à tous les esprits l'arche de Noé, sauvée par Dieu du déluge universel. Ce rapprochement inspira la muse d'Éphrem.

Son premier chant n'est guère qu'une suite de comparaisons entre Nisibe et l'arche, les chrétiens enfermés dans la ville et les justes réfugiés dans le vaisseau mystérieux. L'accent dominant est celui de la prière, prière solennelle qui, prenant comme point

---

(1) *Théodoret*, I, 3 ; III, 207.
(2) *Julianus Imp.* Orat. I. 27 et sqq.; *id.* Orat. II, 63 et sqq.
(3) *Id.* ibid.

de départ une simple comparaison, en déroule longuement, et non sans quelque recherche, les diverses applications.

C'est l'Église de Nisibe qui parle par la bouche d'Éphrem. Pendant que les chrétiens, sur les remparts, contiennent l'ennemi et observent le progrès des eaux, les femmes, les enfants, les vieillards, prosternés aux pieds des autels, redisent l'hymne du lévite :

« Seigneur miséricordieux, Vous avez réjoui Noé lorsque lui-même eut réjoui votre miséricorde : il offrit un sacrifice, arrêta le déluge, et, en échange de son offrande, reçut votre promesse. Lorsqu'il Vous eut apaisé par la prière et l'encens, votre grâce lui fit présent du serment et de l'arc, de telle sorte que, si jamais le déluge osait effleurer la terre, votre arc, étendu contre lui, le chasserait et rendrait courage à la terre. Vous l'avez juré ! Conservez-nous votre paix ! et que votre arc combatte contre votre indignation !

» Étendez votre arc contre l'inondation, car voici qu'elle a élevé ses flots contre nos remparts (1).

» ....

» Voici que les ondes se sont réunies pour me frapper d'épouvante. Seigneur ! Vous avez traité l'arche avec plus de bonté, car les flots seuls l'environnaient, et moi, je suis environnée par les retranchements, les dards et les flots ! C'est que l'arche était la

---

(1) Carm. Nisib., I.

gardienne de vos trésors : moi, je ne possède que mes dettes envers Vous. Celle-ci, que Vous aimiez, a dompté les flots; moi, l'objet de votre colère, je reste désolée au milieu des traits ennemis. Celle-ci a flotté sur les ondes; mais, moi, le fleuve me remplit d'épouvante. O Pilote de cette arche ! soyez mon pilote sur la terre ferme ! De même que Vous lui donnâtes un refuge et un port sur la montagne, accordez-moi le repos dans le port de mes remparts. Étendez votre arc contre l'inondation, car voici qu'elle a élevé ses flots contre mes remparts (1). »

Ainsi parle, dans sa détresse, cette Église affligée; mais, à travers toutes ces terreurs, l'espérance se fait jour : la foi de Nisibe la sauvera; elle croit, et sera délivrée.

« L'inondation s'est ruée contre mon rempart; celui-ci supportera cette attaque par la puissance de Dieu qui soutient tout. Il ne croulera pas, comme le mur construit sur le sable, car ma doctrine ne repose pas sur le sable : j'ai été bâtie sur la pierre. Sur votre pierre, ô Seigneur ! j'ai édifié ma foi (2). »

Tel était le nœud indissoluble qui unissait, dans la pensée du poète, la religion et la patrie. Éphrem ne met pas son espérance dans la créature : il n'attend rien que du ciel. La foi seule se fait entendre dans cet élo-

---

(1) Carm. Nisib., i, **3**.
(2) Ibid. 8.

quent parallèle entre les habitants de Nisibe et ceux qui s'étaient réfugiés dans l'arche.

« Comparez, Seigneur, les âmes qui vivent en mon sein et les êtres animés renfermés dans l'arche : au lieu de Noé, triste et affligé dans l'arche, voici votre autel triste et humilié; au lieu des épouses que cachait celle-ci, voilà mes vierges, pures de toute union terrestre; au lieu de Cham qui, sortant de l'arche, révélait la nudité de son père, voici les ouvriers de la charité qui recueillaient et habillaient vos apôtres (1) ! »

Tout entier à l'angoisse qui l'oppresse, le poète s'est laissé aller à cet appel énergique à la justice divine. Il s'arrête alors. Par un retour qui peint bien l'humilité de son âme, il s'excuse de la hardiesse de ses paroles.

« Mes douleurs m'inspirent un langage insensé ! Seigneur, ne vous irritez pas si mes paroles Vous offensent. »

Avant de terminer son hymne, Éphrem déplore les divisions intérieures de l'Église de Nisibe, dues, sans doute, à la présence de l'arianisme. Il demande à Dieu une double victoire qui délivre Nisibe de l'invasion et de l'hérésie; mais, sur ses frères égarés, Éphrem ne veut qu'un triomphe pacifique; seul, l'ennemi du dehors doit être humilié.

« Seigneur, ramenez la paix dans mon sein ; humiliez devant moi l'étranger et doublez ma victoire. »

---

(1) Carm. Nisib., i, 9.

Après ce souhait, dans lequel se confondent la charité de l'apôtre et le patriotisme du citoyen, Éphrem s'abandonne à la confiance. On dirait que son enthousiasme prévoit l'issue de la lutte. Ses derniers accents ont quelque chose du chant de triomphe :

« Puisqu'il m'attaque pour la troisième fois, ce meurtrier en délire, que votre Christ triple aussi son secours! (1) Que le méchant ne l'emporte pas sur votre miséricorde; au contraire, triomphez de l'audacieux qui s'est jeté une seconde et une troisième fois sur moi! Que le bruit de ma victoire retentisse dans tout l'univers et y excite vos louanges! O Vous, ressuscité le troisième jour, ne nous laissez pas périr sous ce troisième malheur (2) ! »

L'événement justifia ces religieuses espérances. Ce qui devait perdre Nisibe la sauva. Sous l'effort des eaux, une tour et une partie des remparts s'écroulèrent (3). Sapor fit immédiatement donner l'assaut ; mais, ses soldats, engagés sur un terrain détrempé, se virent bientôt dans l'impossibilité d'avancer. Ils restèrent ainsi exposés aux traits des assiégés, pressés les uns contre les autres, et au milieu d'une horrible confusion, foulés aux pieds et broyés par les éléphants

---

(1) Allusion au triple siége de Nisibe. V. Bickell. Carm. Nisib. Proleg. De usu histor. IV, 11. sqq.

(2) Carm. Nisib. I, pass.

(3) *Julianus.* Loc. cit. — Chronic. Alexandr., p. 674-676.

que l'on conduisait derrière eux. Sapor les ramena en arrière, non sans avoir subi des pertes cruelles. La nuit suivante, les habitants de Nisibe se hâtèrent de réparer la brèche. En même temps, on annonçait à Sapor que son propre territoire était ravagé par les Massagètes (1). A cette nouvelle, il leva brusquement le siége. Une troisième fois, Nisibe était sauvée.

Éphrem célébra, dans ses vers, cette délivrance inattendue. Son hymne n'est pas, toutefois, un simple cantique d'actions de grâces. Le Saint n'ose se livrer entièrement à la joie de ses frères : son allégresse est grave et contenue. Les chrétiens, protégés si visiblement par Dieu, songeront-ils à se repentir de leurs fautes ? Abuseront-ils encore de la miséricorde divine, qui s'est montrée si patiente et si généreuse ? Leurs souffrances leur seront-elles un enseignement ? Tel est le doute qui afflige l'âme d'Éphrem. Aussi, même au milieu de ses élans de reconnaissance, le poète insiste-t-il, avant tout, sur cette pensée : que Dieu seul a été le salut de Nisibe.

« En ce jour, les lèvres se sont ouvertes pour rendre grâces ! Ceux-là même qui ouvraient la brèche ont ouvert les lèvres de mes enfants. Ils louent le miséricordieux qui a sauvé son peuple et n'a point voulu le traiter selon ses mérites. Déjà, ils s'étaient levés ceux qui désiraient nous emmener captifs, et voici

---

(1) *Zonaras*. apud. Bickell. Proleg. 15.

que les siècles ont goûté votre grâce par notre délivrance ! (1)

« Que tous ceux qui ont des lèvres louent votre grâce, ô Seigneur !

« Il nous a sauvés sans remparts, et nous a appris que Lui-même était notre rempart ! Il nous a sauvés sans le prince et a témoigné que Lui-même était notre prince ! En toutes choses, Il nous a entièrement sauvés et nous a montré que Lui-même était toutes choses (2).

» ....

» Parlez et glorifiez-le, vous, mes fils, aujourd'hui sauvés ! Enfants et vieillards, adolescents et vierges, innocents qui ne pouvez parler, et vous Église, mère de la Cité ! car les vieillards ont été délivrés de la captivité ; les jeunes gens, des tortures ; les enfants, du rocher, qui les aurait broyés ; l'Église, de l'opprobre (3) ! »

Éphrem s'étend ensuite sur les infidélités de Nisibe. Il reproche aux chrétiens leur ingratitude, leur versatilité, leur peu de courage pour le repentir. En regard de ces faiblesses, il oppose la bonté de Dieu. Recourant à une de ces comparaisons, chères à l'imagination des Orientaux, mais qui surprennent notre

---

(1) Carm. Nisib., II.
(2) Carm. Nisib., II. 2.
(3) Ibid. II, 6.

goût, élevé dans l'admiration des beautés sévères de l'art et du génie grec, il représente la brèche de Nisibe comme un miroir où s'est réfléchie la puissance de Dieu.

« Ceux du dehors y voyaient sa force, et ils ont fui, et ils n'attendaient pas le soir. Ceux du dedans voyaient son secours, et ils le louaient, et cependant ils n'y pouvaient suffire (1). »

Puis, comme s'il voulait graver profondément dans le cœur de ses concitoyens le souvenir d'un aussi grand bienfait, Éphrem résume, dans quelques traits éloquents, le drame qui vient de se dérouler devant Nisibe.

« Que le jour de votre délivrance secoue votre sommeil !

» Quand le rempart croulait, quand les éléphants s'avançaient, quand les traits pleuvaient sur vous et que les guerriers vous attaquaient audacieusement, les anges des cieux vous contemplaient. En bas, combattait le péché ; mais en haut, triomphait la grâce ! La miséricorde a vaincu sur la terre, et dans le ciel les anges ont poussé leur cri (2). »

Les avertissements d'Éphrem ne furent pas unanimement écoutés. Peut-être même, dénaturant les paroles du poète, les hérétiques s'en prévalurent-ils

---

(1) Carm. Nisib. ii. 17.
(2) Ibid. 19 et sqq.

pour attribuer les calamités de Nisibe, non à la Providence paternelle qui ne châtie que dans le but de corriger, mais à une divinité susceptible des ressentiments et des passions humaines.

Éphrem combattit cette erreur dans un troisième poème. Nous ne dirons rien du début tout dogmatique de cette hymne, sur lequel nous aurons à revenir, en traitant des controverses d'Éphrem avec les hérétiques. La suite est moins remarquable par la poésie du style que par la douce gravité de l'enseignement. Ici, ce n'est point, comme dans beaucoup d'autres hymnes d'Éphrem, une discussion ardente et émue; c'est une leçon dont les accents paternels, sans s'imposer à l'intelligence, la pénètrent sans effort. On y trouve même quelques lignes qui rappellent la sobriété, toujours modeste dans son éloquence, des Pères de l'Église grecque:

« Il est bien connu, dit Éphrem, que Dieu, qui est bon, n'a pas voulu les calamités dont les hommes sont frappés en tout temps; il les envoie, il est vrai, mais nos péchés sont la cause de nos afflictions........ La terre, et la vigne, et l'olive ont besoin d'être châtiées. Il faut broyer l'olive pour que son fruit exhale son doux parfum; il faut émonder la vigne pour en obtenir la grappe superbe; il faut labourer la terre pour en recueillir de riches moissons; il faut resserrer l'eau dans les canaux pour qu'elle puisse arroser les déserts. L'airain, l'or et l'argent, il faut les polir pour qu'ils reluisent. Si donc, l'homme lui-même n'embellit rien qu'en le châtiant, que cette matière même qu'il tourmente lui enseigne le Dieu qui le châtie.

« O Nisibe, que vos afflictions deviennent un livre plein d'avertissements pour vous ! Jugez de l'avenir par le passé ; instruisez-vous par le châtiment déjà reçu, afin d'éviter celui que vous auriez à subir. Nous avons oublié le premier fléau, un second lui a succédé ; celui-ci, nous le perdons de vue ; un troisième nous a désolés. Quel est celui qui oublierait maintenant (1)? »

Neuf années de tranquillité pour Nisibe suivirent la troisième tentative de Sapor ; mais ce prince n'avait pas renoncé à son projet. En 359, il menaça de nouveau la Mésopotamie (2). Cette nouvelle retentit comme un coup de foudre au sein de Nisibe. Beaucoup d'habitants, se rappelant les souffrances du dernier siége, se hâtèrent de fuir dans des villes moins exposées aux coups de l'ennemi (3) : ceux qui restèrent eurent recours à des supplications solennelles.

C'est dans de pareilles circonstances qu'excellait la muse d'Éphrem. L'hymne qu'il composa alors reproduit fidèlement cette grande scène de désolation.

Le prêtre, revêtu des ornements de deuil, est au

---

(1) Carm. Nisib. III et sqq.
(2) *Ammien Marcellin.* XVIII, 4, 10.—XIX, 1, 9.
(3) Carm. Nisib. IV, 23. — VI, 27, 29, 33.

pied de l'autel ; une foule immense remplit l'église ; le silence de la prière n'est interrompu que par les cris des petits enfants, dont les pleurs innocents monteront, plus efficaces, vers le Seigneur. Alors, sur un rhythme grave et mélodieux dans sa tristesse, retentit l'hymne du poète. La première parole de Nisibe sera une parole d'humilité chrétienne : c'est le coupable, longtemps égaré, qui revient auprès de son père dans un jour de malheur et ne craint pas d'importuner sa tendresse :

« O mon Dieu ! je frapperai sans relâche à la porte de votre demeure ! Moi, qui ai rejeté tous vos bienfaits, j'oserai encore vous implorer, et je ne rougirai pas de les recevoir. Ouvrez le refuge de votre miséricorde devant les pleurs de mes petits enfants, devant leurs soupirs et leurs larmes........ O Fils unique, exaucez mes agneaux, car ils ont vu les loups, et ils crient. En effet, ô Seigneur, si le troupeau dans la plaine aperçoit les loups, il fuit vers le pasteur ; il cherche un secours sous la houlette qui chassera les bêtes affamées. Ainsi, votre troupeau a aperçu les loups, et voici qu'il pousse un grand cri : Seigneur, voyez son trouble ; que votre croix soit la houlette qui repousse les ravageurs du troupeau (1) ! »

Quelle fraîcheur de poésie locale dans cette comparaison qui peint si bien les mœurs pastorales des habitants de cette partie de la Syrie !

---

(1) Carm. Nisib. IV, 1, 3, 5, 6.

Éphrem multiplie ensuite les rapprochements entre les faibles et innocentes créatures dont il entend les pleurs, et le divin Fils de Marie, Celui dont la naissance, saluée par les cantiques des anges, ramenait la paix sur la terre. Puis il revient à cette pensée, tant de fois exprimée par lui, que Dieu seul est le refuge des affligés.

« Comment, ô Seigneur ! une ville abandonnée, dont le roi est absent au loin, dont l'ennemi est proche, pourrait-elle se maintenir sans votre miséricorde ? En tout temps, vous êtes notre port et notre refuge (1). »

Enfin, cédant à la tristesse qui envahit son âme, en proie lui-même à toute la désolation qui s'est répandue au dehors et au dedans de Nisibe, il laisse échapper ces strophes admirables de poésie et de douleur :

« Que votre grâce, ô Seigneur, brise la coupe d'amertume préparée par mes péchés !

» J'ai regardé de toutes parts et j'ai pleuré, car je suis abandonnée, et, quoiqu'ils soient nombreux, mes chefs et mes défenseurs, un seul peut me délivrer (2) ! »

» Ils ont fui, Seigneur ! Ils m'ont abandonnée, mes enfants ! Semblables au petit de l'oiseau que l'aigle

---

(1) Carm. Nisib. IV, 18-19.
(2) Ib. ib., 21 et sqq.

poursuit, ils se sont cachés dans les ténèbres ; que votre paix les ramène ! Voici que mes oreilles réclament le chant de mes vignerons, car leurs voix se sont tues ! Qu'il résonne de nouveau, leur chant, par les joyeux messagers de votre délivrance, ô Dieu miséricordieux !

» J'entends sur mes tours le cri de l'effroi ! C'est le cri de mes défenseurs, sentinelles de mes remparts ! Arrêtez ce cri devant cette autre clameur qu'excitera la paix ramenée par vous !

» Que le tumulte de mes laboureurs annonce la paix en dehors de mes murs ! Que les accents joyeux de mes habitants l'annoncent dans mon sein, afin que vos louanges, ô Seigneur ! retentissent au dehors et au dedans de moi.

» Dissipez, ô Seigneur ! la tristesse de cet autel immaculé ; celle de ce chaste pontife, revêtu d'ornements de deuil, et recouvert du sac de l'humiliation !

» Ils vous loueront pour leur délivrance, l'Église et ses ministres, la ville et ses habitants. En échange de leurs voix suppliantes, faites résonner à leurs oreilles l'annonce de la paix (1) ! »

On voit quel souffle de poésie biblique parcourt toutes ces paroles. Certes, elle est belle cette image de la patrie abandonnée par ses enfants et n'entendant plus, au lieu des chants joyeux des habitants de

---

(1) Carm. Nisib., IV, 26, 27, 28.

la plaine, que les cris effrayants des sentinelles sur le rempart. Ce n'est plus la majesté de Rome antique, montrant à César, sur le point de franchir le Rubicon, sa tête auguste et couronnée de tours, et sa chevelure en lambeaux (1). Ce n'est pas non plus Jérusalem, la reine des nations, assise sur la pierre du chemin et exposée aux outrages des passants (2). Nisibe, telle que la peint Éphrem, se rapproche davantage de Rachel pleurant ses fils (3). Mais Rachel ne veut pas être consolée. Et Nisibe espère encore : ses enfants lui seront rendus, et les plaines retentiront du bruit, si doux à son oreille, que répand dans les campagnes l'activité du laboureur !

L'amour qu'Éphrem portait à sa patrie ne s'arrêtait pas aux habitants de Nisibe ; le saint chérissait jusqu'au sol lui-même de sa terre natale, jusqu'à sa plaine couverte de moissons, jusqu'à la vigne et à l'olivier, dont le vert feuillage animait la campagne aux environs de Nisibe. Aussi, lorsque les Romains, dans le but d'affamer les Perses dont ils redoutaient l'invasion, détruisirent eux-mêmes les récoltes (4), nul peut-être ne ressentit plus qu'Éphrem l'étendue de ce désastre. Dans un premier chant, il est vrai, il encourage

---

(1) *Lucain*. Pharsale, i, 183 et sqq.
(2) *Jérémie*. Threni, i, 12.
(3) *Id*. Prophetiæ, xxxv, 15.
(4) *Ammien Marcellin*. Loc. citat.

ses frères à supporter, sans se plaindre, cette nouvelle affliction ; mais l'effort du poète pour contenir sa douleur est visible : l'amertume se cache sous cet appel à la résignation ; elle éclate, à la fin, en plaintes touchantes et désolées.

Les Romains avaient détruit les moissons dans leur fleur. Quelques-unes de ces fleurs, échappées à la destruction générale, restaient encore pour consoler les habitants de Nisibe, lorsque la maladie vint atteindre ce misérable reste. Pour ces fruits chétifs et languissants, Éphrem demande grâce ; une exquise sensibilité anime ses paroles, dignes du chantre des Géorgiques :

« En parlant ainsi, je me rappelle qu'en ce mois, cette fleur elle-même est devenue languissante et malade ; plaise à Dieu qu'elle recouvre ses forces, qu'elle soit notre consolation ! Ces fruits ont échappé à la mort, quand leurs frères étaient envahis, quand les vignes pleuraient silencieuses, parce que le fer les tranchait, et qu'ils gisaient à terre devant elles tous ces arbres qu'elles chérissaient (1).

» Voici que la terre réclame ses plantes accoutumées : les troncs découronnés pleurent le laboureur et le font pleurer ; leurs rameaux magnifiques étendaient au loin leur ombrage ; une seule heure a suffi pour les abattre (2).

---

(1) Carm. Nisib. v, 22, 23.
(2) Ibid. 24, 25.

» La hache s'est approchée d'eux : elle a mutilé, en quelque sorte, le laboureur. L'arbre lui-même était abattu, mais le laboureur en éprouvait la souffrance ; c'est lui que meurtrissait chacun des coups de hache dont les arbres étaient frappés (1). »

La douleur d'Éphrem ne tarda pas à s'accroître à mesure que les funestes conséquences de l'odieuse précaution des Romains se manifestaient davantage. En exécutant les ordres des magistrats, les soldats se portèrent à des actes de brigandage et de rapine. Ce fut pour Éphrem l'occasion d'un nouveau poème, où son indignation se fit jour avec une vivacité d'accent que la traduction ne peut qu'affaiblir.

Ses reproches s'adressent d'abord aux Romains eux-mêmes ; mais ceux-ci sont chrétiens et défenseurs de Nisibe ; c'est pourquoi le poète les traite comme des enfants, un instant égarés, qu'il n'a pas cessé de chérir :

» Mes fils, ô Seigneur ! ont bu à la coupe des sinistres nouvelles, et ce breuvage, œuvre de mes fautes, les a enivrés. Ils se sont précipités sur mes richesses. Ils ont arraché et jeté au loin mes ornements. Ils ont déchiré, sans pitié, mes vêtements et ma couronne.

» O Fils unique ! guérissez-moi (2).

---

(1) Carm. Nisib. v, 26.
(2) Carm. Nisib. vi, 2.

» Voilà qu'ils m'ont dépouillée, et je suis nue maintenant! Déjà, à la suite d'un premier et d'un second outrage, le Seigneur m'avait consolée; une troisième fois, Il m'a prise en pitié, et ceux-ci m'ont dépouillée pour la quatrième fois! (1)

» O Fils unique! guérissez-moi.

» Ils ont arraché, ils ont emporté mes vêtements, mes honneurs et mes jardins. Regardez, Seigneur, ce sac de tristesse qui recouvre mon autel, et prenez pitié de moi! Que ce sac se transforme en robe de salut!

» O Fils unique! guérissez moi! (2) »

Puis, l'indignation du poète se retourne contre les Perses, auteurs premiers de ce désastre. Nisibe, l'Église chrétienne, est humiliée en face des barbares. A cette pensée, tout ce qu'il y a de patriotique et de religieux dans l'âme d'Éphrem frémit et se révolte :

« Seigneur! il est loin d'être pur celui par qui vous me châtiez. Au contraire, devant lui marche la honte, et après lui l'infamie : l'adultère est préférable aux unions qu'il se permet (3).

» Il prend sa fille comme épouse, il la reçoit dans son lit. Et la mère, dont il est sorti, il ose se l'unir par les liens du mariage! Les cieux eux-mêmes s'éton-

---

(1) Carm. Nisib. vi, 3.
(2) Ibid. 4.
(3) Ibid. 5.

nent de ce qu'après ces provocations à la colère divine, tout néanmoins lui réussisse (1).

» Seigneur, quoiqu'ils soient nombreux mes péchés, mes fautes sont-elles en réalité tellement graves que vous livriez votre chaste Église, la mère des vierges, à l'impure Assyrie, la mère des hommes souillés ? (2)

» Arrêtez-le ! Qu'il ne vienne pas sur moi secouer sa tête et me fouler aux pieds ; qu'il ne se réjouisse pas de ce que le messager de sa gloire a produit dans le monde cet ébranlement; prenez garde qu'il se laisse emporter à de nouveaux excès ! (3) »

A ce cri d'angoisse patriotique, succède une prière pleine de larmes :

« Seigneur, mes fils ont vu ma nudité ; ce n'est qu'en pleurant qu'ils me dépouillaient. Que ma honte n'ait comme témoins que mes seuls enfants, eux qui souffrent de mes douleurs ; que je ne sois pas un objet de dérision aux maudits, dont le cœur est insensible ! (4)

» Mes terres avaient produit les fruits utiles et les fruits délicieux : la richesse était dans les vignes, l'abondance dans les moissons ; j'étais tranquille, mais la colère s'est précipitée sur moi ! (5)

---

(1) Carm. Nisib. vi, 6.
(2) Ibid. 7.
(3) Ibid. 8.
(4) Ibid. 9.
(5) Ibid. 10.

» Le laboureur a été pillé; les ravisseurs ont entassé. Ces derniers ont détruit ce que le premier prêtait à la terre, ce qu'il avait semé.

» Et non seulement le laboureur perdra ce qui lui était dû, mais sa faim ne sera pas rassasiée, car le pain lui a été enlevé.

» Seigneur! guérissez-moi (1). »

Puis, sans transition, comme il convient à cette poésie lyrique, qui n'est que le chant du cœur et ne s'avance que par bonds, le poète passe à un développement emprunté tout entier aux mœurs orientales. Nisibe est l'épouse du Seigneur; l'époux ne doit-il pas être saintement jaloux de l'honneur de sa fiancée? (2) La jalousie de l'époux est l'honneur de la femme. Qu'il en soit de même pour Nisibe, et que l'affection de Dieu se manifeste à son égard par cette jalousie inquiète et scrupuleuse qui est le signe de l'amour! (3)

Si le ravage et la désolation des campagnes excitaient à ce point la sensibilité d'Éphrem, que dire de ses tristesses quand ses concitoyens tombaient sous le fer

---

(1) Carm. Nisib. vi, 11.
(2) Ibid. 13, 33, pass.
(3) La chasteté de l'épouse était un singulier honneur en Syrie. Bardesane, dans son dialogue sur le destin, en a fait la vertu caractéristique des femmes de l'Osrhoène. Le seul soupçon d'adultère, dit-il, mérite la mort ; « Ἐν δὲ τῇ Ἀραβίᾳ καὶ τῇ Ὀσροηνῇ οὐ μόνον αἱ μοιχαλίδες φονεύονται, ἀλλὰ καὶ ὑποπτευόμεναι οὐκ ἀφίενται ἀτιμώρητοι.... Et plus loin : Οὐκ ἀναγκάζει ἡ γένεσις τοὺς Πάρθους μὴ πολυγαμεῖν, ἢ τὰς ἐν Μεσοποταμίᾳ γυναῖκας μὴ σωφρονεῖν. » *Eusèbe*, Præpar. Evang. — Spicilegium Syriacum du doct. Cureton. — 20, 26. — Londres, 1855.

de l'ennemi ! Alors, son cœur se brise, et il n'a pas assez de gémissements pour pleurer ceux qui ne sont plus; il éprouve une sorte de joie amère à rappeler leurs souffrances, leur lente agonie, leur mort cruelle. C'est ainsi qu'après la destruction d'Anzita (1), où s'étaient réfugiés plusieurs habitants de Nisibe, Éphrem rendit un dernier et solennel hommage à ces infortunés, que leur excès de prudence avait perdus.

Son poème n'est pas une oraison funèbre, mais une véritable lamentation, une élégie plaintive, où abondent cependant les expressions énergiques, car, pour peindre les tortures de ses frères assiégés et mourant de soif, Éphrem ne craint pas de forcer la comparaison. Nous avons déjà vu comment l'Église de Nisibe, abandonnée par ses enfants, avait déploré leur fuite. Cette fois encore, l'image touchante de la patrie en deuil se dresse devant nous. Le triste sort de ses fils, consumés par la soif ou traînés en captivité, a déchiré l'âme maternelle de Nisibe, et sa première parole est un sanglot :

« Ils ont été égorgés, mes fils et mes filles, ceux qui étaient loin de moi : leurs remparts ont été détruits, leurs enfants dispersés, leurs temples renversés (2).

» Que votre châtiment soit béni !

---

(1) *Ammien Marcellin.* xix. Cf. Lebeau, Hist. du Bas-Empire, ii, 298.
(2) Carm. Nisib. x, 1.

» Les oiseleurs ont donné la chasse à mes colombes; celles-ci, abandonnant leurs nids au haut de la tour, avaient fui vers les retraites profondes; c'est là que le filet les a rendues prisonnières (1).

» Que votre châtiment soit béni!

» Comme la cire qui fond près du feu, ainsi, dans leur citadelle, sous l'action de la chaleur et de la soif, se sont fondus et dissous les corps de mes enfants!

» Autrefois, des sources de lait coulèrent pour mes fils et mes enfants (2); le lait maintenant a manqué aux nouveau-nés, et l'eau à l'homme fait.

» Et l'enfant a abandonné le sein de sa mère, et il a rendu l'âme, car celle-ci n'a plus de lait pour lui, et lui-même ne peut s'attacher à son sein; ils expirent donc, et ils meurent.

» Comment votre grâce, ô Seigneur, a-t-elle tari sa source jaillissante, alors que l'abondance de ses flots ne saurait être contenue?

» Pourquoi votre grâce a-t-elle arrêté votre miséricorde et retiré ses ondes rafraîchissantes loin de ce peuple qui criait et demandait à humecter sa langue?

» Infortunés! Ils ont été jetés dans la fournaise: la chaleur et la soif ont été les flammes ardentes qui les ont consumés!

» Et quand la chaleur eut fait fondre et dissoudre

---

(1) Carm. Nisib. x, 2.
(2) In terram fluentem lac et mel. Exode, passim.

ces corps, voilà que ces terres desséchées se sont abreuvées de ces cadavres en pourriture.

» Qui a jamais vu un peuple, brûlé par la soif, entouré par les eaux, comme d'une barrière, et ne pouvant humecter sa langue ?

» Que votre châtiment soit béni !

» Mes bien-aimés ont subi le supplice de Sodome ; mes enfants ont éprouvé les tortures de Sodome, mais celles-ci n'avaient duré qu'un jour.

» Et ce supplice du feu, qui ne dura qu'une heure, ô mon Dieu ! me paraît une mort clémente et une punition légère, si je la compare aux longues souffrances de la soif. »

Nisibe détourne enfin ses regards de ce spectacle si douloureux ; sa tendresse s'effraie pour les enfants qui lui restent encore. Jusqu'ici, ils ont été épargnés : le seront-ils toujours ? C'est ce dernier bienfait que Nisibe demande à Dieu. Rien n'est pathétique comme cette suprême invocation à la miséricorde divine :

« Seigneur, voyez mes membres ! Ils sont nombreux les glaives qui me percent et se sont attachés à mes bras, et les javelots aux traces sanglantes ont pénétré dans mes flancs.

» Les larmes mouillent mes yeux ; les nouvelles sinistres retentissent à mes oreilles ; les gémissements sont sur mes lèvres, la tristesse dans mon cœur ! O Dieu, n'ajoutez plus rien à mon malheur. (1) »

---

(1) Carm. Nisib. x, 2, 30.

Sans aucun doute, Éphrem a dû composer bien d'autres hymnes sur les événements politiques dont Nisibe fut le théâtre. On ne peut guère considérer ce que nous venons de citer que comme les fragments épars d'une série de poèmes qui accompagnaient, pour ainsi dire pas à pas, la vie si agitée de Nisibe. L'histoire nous montre Éphrem apparaissant sur le rempart de la ville assiégée et contribuant par ses prières à la défaite des ennemis (1). La prière et les larmes tels étaient les deux grands moyens de résistance opposés par Éphrem aux tentatives multipliées de Sapor. La prière contenait l'espérance, les larmes l'expiation. Toute la poésie d'Éphrem se résume en ces deux mots : s'humilier, espérer. Aucun son guerrier, aucun appel aux armes ne vient enflammer ses chants d'une belliqueuse ardeur. Son hymne ne parcourt pas les champs de bataille pour lancer le soldat contre l'envahisseur. Éphrem, semblable à Moïse, s'est retiré sur la montagne. Il prie pendant que les chrétiens luttent dans la plaine. La poésie biblique ne résonne pas sur ses lèvres, ainsi que sur celles des fougueux apôtres de la réforme, comme le clairon des batailles. Humble et gémissante, elle soupire aux pieds des autels : elle s'efforce de vaincre par ses supplications continues la colère divine. Et certes, si l'habitant de Nisibe comptait avec raison

---

(1) Act. vi.

sur la valeur des légions, pourquoi n'aurait-il pas espéré davantage des prières d'Éphrem (1)! Le chrétien qui les entendait de loin retentir dans le temple ne se préoccupait pas des beautés littéraires de cette œuvre : il oubliait le poète ; seuls les gémissements de la patrie ou les encouragements de l'Église venaient frapper ses oreilles; son patriotisme se retrempait dans ces saintes émotions, et sa foi, loin de murmurer, ne savait que bénir cette Providence miséricordieuse dont la main paternelle ne frappe que pour guérir.

Tel était le rôle salutaire et bienfaisant de la poésie d'Éphrem. Ses efforts ne restèrent pas sans succès. Nisibe résista aux tentatives de l'ennemi jusqu'au temps où les Romains, abandonnant cette dernière de leurs conquêtes, la laissèrent comme un premier trophée entre les mains de l'envahisseur (2). En ce jour, la religion et la patrie, représentée par Éphrem et les chrétiens de Nisibe, s'exilèrent ensemble de ce sol, objet de leur affection. Ce ne fut pas, assurément, sans déchirements et sans larmes qu'Éphrem se sépara pour toujours de sa terre natale : là, se trouvait son berceau ; là, tout jeune encore, il avait rencon-

---

(1) « On ne se trompe pas, chrétiens, quand on attribue tout à la prière. Dieu qui l'inspire, ne lui peut rien refuser..... Les Machabées étaient vaillants; et néanmoins il est écrit qu'ils combattaient par leurs prières plus que par leurs armes, assurés par l'exemple de Moïse que les mains élevées à Dieu enfoncent plus de bataillons que celles qui frappent. » *Bossuet,* Oraison funèbre de Marie-Thérèse d'Autriche, deuxième partie.

(2) *Ammien Marcellin,* xxv, 7.

tré, dans la personne d'un grand évêque, un ami fidèle, un maître éclairé. C'est là, qu'au sortir de l'adolescence, il avait vu pour la première fois la fumée des camps ennemis (1), subi les angoisses d'un long siége, assisté au triomphe des chrétiens sauvés par leur pasteur. C'est dans Nisibe que s'étaient écoulées les années de sa maturité, au sein de cruelles épreuves constamment renouvelées ; mais, ce sol, témoin de la naissance et de la féconde virilité d'Éphrem, ne devait pas recueillir ses derniers soupirs. Quand Nisibe cessa d'être romaine, le saint lévite, déjà sur le déclin de l'âge, s'arracha violemment à sa patrie. Dès ce moment, se brisa pour toujours le lien qui unissait ces deux existences. Éphrem alla porter à Édesse les trésors de son zèle et de sa poésie. Nisibe, dont un ennemi détesté foulait le sol et profanait le temple, n'exista plus pour lui ; s'il lui consacra dans son âme un impérissable souvenir, sa tombe seule en a gardé jusqu'ici le secret, car le nom de cette patrie si chère ne se retrouva plus su ses lèvres pendant le reste de sa vie.

Il semble même que la postérité, par un de ces caprices qui lui sont si fréquents, ait voulu mettre un dernier sceau à cette séparation. Pour elle, Éphrem n'est pas l'enfant de Nisibe, celui qui l'a

---

(2) En 338 : premier siége de Nisibe. Cf. Bickell. Proleg.

assistée pendant ses jours d'épreuve, Éphrem est le Diacre et le Docteur d'Édesse. Aujourd'hui encore, Orfa, l'ancienne Édesse, est toute remplie du nom d'Éphrem, tandis que dans les plaines du Kurdistan, où s'élevait Nisibe, rien ne rappelle le souvenir du saint apôtre. Là, dans ces débris amassés par les siècles, vient se loger de temps en temps une tribu entière d'Arabes, dignes fils de ceux que l'élève de saint Jacques appelait déjà ravisseurs. C'est de Nesben (1) qu'ils s'élancent, comme d'un repaire inaccessible, pour enlever le riche butin des voyageurs et des caravanes ; leurs cris sauvages retentissent seuls au sein de ces ruines et nul autre écho ne vient réveiller la lyre du poète qui chantait, au IVe siècle, les tristesses et les gloires de la cité disparue.

---

(1) Ces détails nous ont été confirmés par un témoin oculaire, Mgr Amanthon, ancien délégué apostolique en Mésopotamie, mort depuis quelques années seulement.

CHAPITRE II

ÉPHREM ET LES ÉGLISES DE SYRIE

Bickell : Carmina Nisibena — XIII — XXXV

Jusqu'ici la poésie d'Éphrem, en nous introduisant dans Nisibe, en nous mêlant à la foule des chrétiens, ne nous a fait connaître que la vie extérieure de ce peuple et les agitations trop souvent douloureuses de son existence politique. Nous suivrons maintenant le poète jusque dans le sanctuaire, où il remplit une mission non moins difficile et non moins auguste que la première.

Si, pendant cette seconde moitié du IVe siècle, l'empire eut à repousser les barbares, à se défendre contre l'invasion, l'histoire de l'Église, au fond de ces provinces reculées, offre un spectacle pareil de troubles et de combats : il était impossible que l'influence de la religion chrétienne dominât, sans résistance, une société aussi profondément troublée. Le christianisme, répandu dans la Syrie dès les temps apostoliques (1), y avait rencontré de puissants adversaires : ils étaient loin d'être vaincus quand parut saint Éphrem. Le judaïsme et l'idolâtrie, réduits au silence sous le règne de Constantin, retrouvèrent leur audace à la mort de ce prince (2). Les erreurs de Bardesane et de Manès, favorisées par le voisinage des Perses, les anciens maîtres de ces contrées, égarèrent bien des esprits. La grande hérésie d'Arius, née dans le sein même de l'Église, et dont les empereurs se faisaient les soutiens, vint ajouter encore aux périls de cette situation. Pour conjurer ces dangers, les chrétiens de Syrie n'avaient d'autre ressource que la sainteté de leurs évêques, le zèle et l'abnégation de leur clergé, le respect et l'obéissance des fidèles ; malheureusement, cette entente, si nécessaire entre le troupeau et son pasteur, ne résistait pas toujours aux éléments de discorde que jetaient dans la société religieuse l'éloignement du chef suprême de l'Église, certaines habitudes de luxe et de mollesse qui énervaient la discipline, le penchant fatal des Orientaux pour les discussions subtiles, enfin, la décadence elle-même de l'empire

---

(1) Sans parler ici de la légende d'Abgar et de sa lettre à Jésus-Christ, nous devons citer, parmi les témoins les plus autorisés de cette tradition, saint Éphrem lui-même. V. les fragments de l'hymne en l'honneur d'Edesse : « Hanc (Edessam) sibi per apostolum Adæum insignem divinæ gloriæ promulgatorem, Christus comparavit. » Act. xxxvii.

(2) V. M. de Champagny ; Rome et la Judée.

s'affaissant sous les coups répétés des barbares, et dont le retentissement, dominant tout autre bruit, permettait aux mauvaises doctrines de se glisser inaperçues. En Syrie, plus encore qu'en aucune autre partie de l'empire, l'épiscopat devenait un lourd fardeau ; celui qui en était revêtu devait réunir l'autorité que donnent la science et le talent à la majesté de la vertu. Il avait à ménager, à la fois, un clergé puissant et instruit (1), des patriciens sensuels (2), un peuple ardent et mobile, à l'imagination passionnée, prompt à l'enthousiasme comme à l'abattement, accessible à toutes les séductions de la poésie et en savourant les charmes jusque dans les plaines incultes où il menait paître ses troupeaux. L'évêque ne veillait pas seulement sur les intérêts spirituels de ses subordonnés : sa sollicitude s'étendait également sur leurs besoins temporels. Ses hautes fonctions en faisaient naturellement le représentant de ses frères auprès de l'autorité civile, et, dans les circonstances périlleuses où se trouvait alors l'empire, que d'obstacles rencontrait cette mission ! (3) Souvent même, le pasteur se trouvait investi d'une sorte de magistrature ; il avait des conseillers, des juges, des officiers chargés de recueillir

---

(1) Cette science portait principalement sur les Saintes Écritures, comme nous l'avons remarqué à propos de l'éducation de saint Éphrem.

(2) Necrosima, in funere patris familias. — Sermo exegeticus, III.

(3) Édesse, comme plus tard Antioche, fut sauvée de la colère de l'empereur Constance, probablement par son évêque. Carm. Nisib. XXIX, 15-16.

les revenus de l'église et de les employer à propos : il était, en un mot, l'âme de la cité (1).

Ce qu'une pareille tâche demandait de sage prudence et de virile fermeté, de tact et de délicatesse, d'indomptable énergie et de patiente charité, les poésies d'Éphrem nous le diront : elles nous montreront au prix de quels travaux et de quelles épreuves l'Église chrétienne se maintenait en Syrie, non contre les attaques de l'étranger ou les violences des persécuteurs, mais contre les ennemis du dedans ; elles présenteront aussi, sous un aspect nouveau, les grandes qualités que nous avons déjà reconnues dans Éphrem. Le poète restera le même, mais ses chants ne s'adresseront plus à la patrie. Le citoyen disparaît : il ne reste plus en face de nous que le lévite. Debout sur les degrés de l'autel, entre l'évêque et son peuple, Éphrem est comme le lien qui les unit l'un à l'autre ; son hymne, qui rattachait le chrétien à la patrie menacée, rassemble maintenant les fidèles autour de leur pasteur.

---

(1) « Constitue tibi legis peritos et judices, exactores et datores, inspectores et curatores : unicuique proprium opus assigna... » Carm. Nisib-xviii, 11. Saint Éphrem à Abraham, évêque de Nisibe.

§ Ier. — L'ÉGLISE DE NISIBE

VOLOGÈSE ET ABRAHAM

Notre attention se portera tout d'abord sur l'Église de Nisibe, à laquelle Éphrem appartenait par sa naissance. Le diocèse de Nisibe était vaste et populeux (1). La foi chrétienne, pénétrant dans ces contrées à la suite des armes romaines, y avait fait de rapides progrès. De la capitale, elle s'était répandue dans toute la province, où ne tardèrent pas à se former plusieurs chrétientés nouvelles, qui regardèrent l'Église de Nisibe comme leur mère (2). Cette prospérité, Nisibe la devait entièrement aux travaux et à la sainteté des évêques qui avaient successivement gouverné sa population chrétienne. Nous ne dirons rien de saint Jacques: nous avons déjà retracé sa vie apostolique. Babu (3),

---

(1) « Unicæ matri in urbe multæ filiæ subsunt in omnibus regionibus. » Carm. Nisib. xiv, 1.

(2) C'est le langage d'Éphrem, parlant au nom de Nisibe, à celles qu'il appelait les filles de cette église : « Prudentes filiæ Nisibis, imitamini Nisibin. »

(3) Albufaragius apud Bickell. Proleg. 20.

qui lui succéda, se fit remarquer par sa charité. Lors du second siége de Nisibe, il racheta à prix d'argent les captifs qui étaient restés aux mains des Perses (1). Cette action généreuse excita la reconnaissance et l'admiration des fidèles; il en résulta pour le pasteur un doux renom de charité, inséparable de sa mémoire. Lorsque Babu s'endormit dans le Seigneur, on élut à sa place un prêtre dont l'éloquence était depuis longtemps applaudie par les chrétiens : il s'appelait Vologèse (2). Vologèse, pontife savant et instruit, chaste et mortifié, marcha sur les traces de ses prédécesseurs. Lui aussi, pendant le troisième siége de Nisibe, anima, par ses prières et ses conseils, le courage des chrétiens ; peut-être même est-ce Vologèse dont l'apparition sur le rempart a été signalée par quelques historiens, comme une des causes déterminantes de la retraite des ennemis (3). Au talent de la parole (4), le nouvel évêque de Nisibe joignait encore la douceur ; son caractère, naturellement porté à l'indulgence, ne pouvait se résoudre à des mesures de rigueur; il aimait mieux pardonner que punir (5); la persuasion était son arme, comme la force avait été

---

(1) Carm. Nisib. xiv, 4.
(2) *Asseman.* Bibl. Orient. i, 18. iii. P. ii, 768.
(3) *Théodoret.* Hist. Eccles. 2, 30.
(4) « Edulcavit amaritudinem nostram in afflictione dulce eloquium ultimi (Vologesis). » Carm. Nisib. xiv, 2.
(5) « Benignus pastor patienter nos tulit, nec vim adhibuit. » Carm. Nisib. xv, 17.

celle de saint Jacques, et la charité celle de Babu. Cette longanimité ne fut pas comprise par certains membres du clergé. Ils ne craignirent pas de blâmer leur pasteur, de décrier sa vie humble et pénitente, de tourner en dérision l'éloquence elle-même qui lui avait valu jusqu'alors tant de suffrages et de succès. L'exemple, parti de si haut, trouva bientôt des imitateurs dans le peuple. L'esprit d'indépendance gagna les simples fidèles : plusieurs embrassèrent ouvertement les doctrines d'Arius, et de graves dissensions éclatèrent dans cette Église où la paix s'était si longtemps conservée (1). Au lieu de reconnaître leur tort, les premiers auteurs de ces troubles en firent retomber la responsabilité sur Vologèse; ils lui reprochèrent sa faiblesse et son manque d'énergie, en leur attribuant l'origine de cette division. Tout autre, répétaient-ils, était saint Jacques, dont la vigueur apostolique (2) avait contenu l'hérésie; tout autre, Babu, dont la charité n'était pas exempte de cette fermeté qui maintient l'ordre et dompte la résistance (3). Seule, la douceur de Vologèse avait compromis l'Église et relâché les liens de la discipline : à elle seule devait être imputé le péril qui menaçait la religion (4).

---

(1) Ibid. 20.
(2) « Educator metuendus. » Carm. Nisib. xvi, 17.
(3) « Durus erat in quantum ego pueriles mores retinebam. » Ibid. 18.
(4) « Nunc capiti nostro culpam adscribimus nostræ odiositatis. » Ibid. xv, 2.

Éphrem ne pouvait assister impassible à ce débat. Élève bien-aimé des deux premiers évêques de Nisibe, il avait pour Vologèse l'affection d'un fils. Si son imagination de poète ne le laisssait point indifférent à la brillante éloquence de Vologèse, il estimait encore plus l'austérité de ce pontife, ses mœurs chastes et pures, sa religieuse gravité. L'indulgence elle-même, dont on faisait un crime au second successeur de saint Jacques, n'était, aux yeux de saint Éphrem, qu'un mérite de plus ajouté à tant de vertus qui honoraient son pasteur. Enfin, Vologèse représentait l'autorité, ce principe qui ne saurait être méconnu sans que la société religieuse n'en reçoive une atteinte mortelle. La reconnaissance, l'affection, la sympathie qui naît de la communauté de vues et de sentiments, par dessus tout, le devoir et cet instinct particulier aux hommes de génie qui leur permet de discerner, au milieu des doutes et des obscurités, le sentier de la vérité et du salut, rangèrent donc saint Éphrem du côté de Vologèse. Le lévite apporta à l'évêque le concours de son influence, de sa sainteté et de son talent. Nous avons encore son plaidoyer poétique en faveur de Vologèse, œuvre de circonstance et de rapide improvisation (1). Les quatre hymnes dont elle se compose nous offrent un mélange des qualités les plus séduisantes de la poésie

---

(1) Carm. Nisib. xiii-xvi.

d'Éphrem et de ses défauts les plus sensibles. La personnalité de l'auteur, la fécondité de son imagination, la richesse de son coloris, l'onction de sa piété, l'énergie de son caractère s'y montrent avec éclat, non moins que son amour excessif pour l'antithèse et son penchant trop prononcé pour les interprétations allégoriques. Éphrem exposa tout d'abord au peuple comment, dans les desseins de la Providence, l'action politique des trois évêques qui s'étaient succédé sur le siége de Nisibe formait un ensemble harmonieux. Ainsi confondue avec celles de saint Jacques et de Babu, la mission de Vologèse n'était plus que la suite ou, mieux encore, le couronnement de celles-ci. Nul ne pouvait critiquer cette dernière sans blâmer en même temps celles qui l'avaient précédée. La gloire, la reconnaissance, qui avaient récompensé saint Jacques et Babu, devaient donc se reporter sur Vologèse, le digne successeur de ces deux pontifes, le dernier membre de la trinité auguste suscitée par Dieu pour élever, fortifier et consoler Nisibe. Cette conclusion, Éphrem ne la formule pas expressément, mais elle ressort avec évidence de toutes ses paroles. En se plaçant à cette hauteur de vue, qui lui permettait de considérer les trois pontifes de Nisibe comme des instruments dociles de la Providence, dont la variété elle-même s'adaptait parfaitement aux différents besoins de leur Église, le poète agrandissait le débat ; il évitait les discussions irritantes qui blessent l'amour-propre sans convaincre l'intelligence ; il pénétrait en même temps le peuple de cette vérité, si consolante pour sa foi, que Dieu, veillant attentivement sur l'Église, disposait la succession de ses pasteurs, choisissant et amenant, à l'heure fixée par sa sagesse, celui dont les qualités répondaient le mieux à la situation des chrétiens.

Il était à craindre, cependant, que de cette comparaison avec des évêques aussi illustres que saint Jacques et Babu, le mérite plus modeste de Vologèse ne sortît amoindri. La délicatesse d'Éphrem évita cet écueil. Sans rien enlever à la juste admiration qui est due à ses premiers maîtres, il fixe surtout sur le troisième l'attention de ses auditeurs ; il ne surcharge d'aucune emphase les éloges sincères qu'il lui donne ; il se contente de cette louange discrète et mesurée, la meilleure des justifications, qui fait retomber sur les ennemis de Vologèse la responsabilité à laquelle ils se dérobent.

La pensée d'Éphrem se manifeste clairement dès les premières strophes :

« Semblables aux deux astres qui se succèdent en nous éclairant, ainsi trois nobles Pontifes se sont donné et transmis l'un à l'autre la chaire, l'imposition des mains et le troupeau ! Si notre douleur est grande au sujet des deux premiers, notre consolation est parfaite dans le troisième.

« Gloire soit à vous qui les avez choisis !

« Ce même Créateur, auquel nous devons l'astre du jour et celui de la nuit, a choisi ces trois flambeaux dont les différentes lumières convinssent aux triples ténèbres qui enveloppèrent Nisibe assiégée. Les deux premiers sont éteints, mais le dernier est dans tout son éclat !

« Gloire soit à Vous qui les avez choisis ! (1) »

A cette image, en succède une autre moins naturelle et qui sent davantage l'effort et la recherche.

Dans les événements politiques dont la Syrie a été le théâtre, Éphrem voit, avant tout, une triple manifestation des desseins de la Providence. Dieu a envoyé tour à tour à Nisibe les Perses pour la châtier (2), les empereurs pour l'honorer (3), les messagers pacifiques pour la réjouir ! (4) Châtiments, honneurs, consolations, voilà les trois trésors de justice et de miséricorde confiés par Dieu à chacun des trois évêques de Nisibe. Chacun d'eux, en possession de la clé que lui avait remise le Seigneur, a ouvert la porte mystérieuse par laquelle ont trouvé une issue les salutaires douleurs ou les joies fortifiantes qui se sont répandues dans Nisibe. Éphrem

---

(1) Carm. Nisib. xiii. 1-2.

(2) Souvenir du troisième siége de Nisibe, 338.

(3) Allusion au séjour de Constance à Nisibe, 345.

(4) Il s'agit des pourparlers pacifiques qui eurent lieu entre les Romains et les Perses pendant l'année 358.

résume ce développement historique dans une comparaison brillante qu'il emprunte à la nature :

« Dans cette triple succession, la colère divine peut être comparée au soleil dont elle offre exactement l'image : elle a commencé sous le premier pasteur, elle a acquis toute sa force sous le second, elle a disparu et s'est éteinte sous le troisième.

« C'est ainsi que le soleil se montre, sous trois formes différentes, aux trois parties du firmament : son lever est vif et lumineux, son midi brûlant et enflammé, son coucher doux et paisible comme la lueur d'un flambeau qui s'éteint.

« Clairs et tempérés sont les rayons du matin qui viennent réveiller le dormeur ; ardents et forts, ceux du midi qui viennent mûrir les moissons ; doux et agréables, ceux du soir, quand il touche à la fin de sa course.

« Gloire à Vous qui les avez choisis ! (1) »

C'est alors que le poète accélère le mouvement de son hymne ; la comparaison ne lui suffit plus ; il a recours à l'apostrophe; elle sort de ses lèvres, auguste et majestueuse comme l'Église à laquelle elle s'adresse:

« Quelle est cette vierge, consacrée à Dieu, belle entre toutes les femmes, dont la vie nous présente tant d'ordre dans la succession de ses jours, tant d'harmonie dans ses beautés, tant de proportion dans

---

(1) Carm. Nisib. xiii, 7, 8, 9.

ses progrès continus, tant de mérite dans ses maîtres?

« Est-ce à la fille d'Abraham, seule, qu'ont été donnés tant d'attraits? N'est-ce point à vous aussi, vierge consacrée à Dieu, à vous dont les ornements conviennent si bien à votre beauté? Selon votre âge, Dieu mesurait le bienfait; selon le bienfait, il accordait le pasteur (1). »

Le lévite revient ainsi, par une transition naturelle, à son premier parallèle. Les nouveaux traits qu'il ajoute à la physionomie de Vologèse deviennent autant de reproches adressés à ses ennemis. Sous ce dernier pasteur la miséricorde divine s'est levée sur Nisibe, et les chrétiens l'ont reçue sans reconnaissance; l'évêque a multiplié ses avertissements; la conduite des fidèles lui en faisait un devoir, car de la tranquillité dont jouissait Nisibe, Dieu ne recueillait que l'ingratitude. Enfin, si la mission de Vologèse a eu moins d'éclat extérieur que celle de saint Jacques ou de Babu, elle n'en a pas été moins fructueuse pour l'Église; par ses ardentes prières, ce pontife aimé de Dieu a réparé silencieusement les brèches faites aux remparts et fermé les blessures de sa patrie (2).

La défense de Vologèse peut être considérée comme complète, mais l'improvisateur ne s'arrête pas encore.

---

(1) Carm. Nisib. xiii, 10, 11.
(2) Ibid. 13-17.

Il vient de rappeler le souvenir de saint Jacques ; il aperçoit devant lui la tombe de ce pasteur vénéré (1). Ses dernières strophes seront consacrées à son premier maître, et le poète, en terminant, félicitera Nisibe de ne s'être pas séparée de celui qui fut son sauveur et qui doit l'être de nouveau si l'ennemi reparaît devant elle (2).

Une conclusion ressort naturellement de la lecture de cette hymne : la poésie d'Éphrem présente les qualités de l'improvisation, mais elle en supporte aussi les défauts. Quand il n'est pas sous l'empire d'une puissante émotion, Éphrem ne sait pas s'astreindre à cette unité rigoureuse de développements qui arrête sur un seul point toute l'attention des auditeurs et concentre, comme en un seul foyer, les raisonnements, les comparaisons et les figures. Il est aisé de suivre, à travers les strophes de son poème, la marche de son imagination. Sa pensée distingue bien le but qu'il faut atteindre ; elle ne le perd

---

(1) Ce tombeau existe encore. Il est de dimensions majestueuses et artistement travaillé.

(2) « Ecce cum mortuus esset, sepultus est in eâ, et factus est fructus in sinu ejus. Cum igitur venissent amputatores, fructus in mediâ eâ salvavit eam..... Prudentes filiæ Nisibis, imitamini Nisibin quæ posuit corpus intra se ut fieret murus extra eam. » Carm. Nisib. Ibid. 19-21.—Au xviie siècle, la vénération populaire pour le grand évêque n'avait rien perdu de sa force, et les paysans des campagnes voisines de Nisibe accouraient, dans leurs moments de détresse, auprès du monument funèbre, pour y allumer des cierges et invoquer les prières de saint Jacques. *Tavernier*. Livr. ii, 171.

jamais de vue, mais, loin de s'y porter directement, elle s'en va butinant de côté et d'autre, s'arrêtant sur une image, l'abandonnant pour y revenir encore, tantôt simple et familière, tantôt sublime et hardie, et ne se fixant enfin qu'après des digressions qui l'emportent quelquefois bien loin. Ce défaut, sensible dans le premier poème consacré à Vologèse, est plus saillant encore dans le second. Nulle autre œuvre d'Éphrem ne permet de constater, aussi bien que celle-ci, ce côté faible de sa poésie. Il faut la lire pour apprécier jusqu'où entraînait saint Éphrem le besoin d'appliquer à son sujet quelque passage des Livres Saints, pour bien connaître quelle large part était faite à l'imagination dans ces hymnes improvisées, quelle liberté d'allures y était accordée au poète.

Le début, cependant, ne manque ni de noblesse ni de grâce. Nisibe est tour à tour comparée à un malade dont saint Jacques aurait bandé les plaies, Babu assuré l'existence, Vologèse adouci les douleurs ; à un champ défriché par le travail de saint Jacques, environné d'une haie protectrice, œuvre de Babu, ensemencé des paroles de vie que répandait Vologèse (1). Cela ne suffit point au poète : il imagine un autre rapprochement, ou plutôt, il est séduit par une autre antithèse, bien subtile pour être naturelle. Saint Jacques, dit-il, avait fermé par le jeûne les lèvres

---

(1) Carm. Nisib. xiv, 1, 2, 3.

des fidèles ; Vologèse, au contraire, a suspendu à leurs oreilles, comme un ornement précieux, ses éloquentes instructions (1). Cette image, que pourrait encore justifier l'amour bien connu des Orientaux pour le luxe de la parure, les joyaux et les bijoux, rappelle au poète un passage de l'Écriture dans lequel il est aussi question de colliers et de pendants d'oreilles. Vologèse avait orné les oreilles ; Aaron, au contraire, les dépouilla de leurs joyaux pour fabriquer le veau d'or (2). Les bijoux des femmes juives ont été la matière du veau d'or ; quelle a été celle sur laquelle a travaillé le troisième pontife de Nisibe ? Il s'est servi, dit le poète, pour forger ces pendants précieux, des clous qui attachèrent Jésus-Christ à la Croix ! La Croix, source de salut ; le veau d'or, source de destruction et de mort ! N'y a-t-il pas là, pour le lévite, matière à un éloquent contraste, à de pieux enseignements ? Il s'y arrête donc avec complaisance ; il redit avec amour les bénédictions dont la Croix a été l'origine, et les oppose aux fléaux dont le veau d'or a été la cause. Il prolonge ce parallèle pendant plusieurs strophes et, tout entier au charme secret qu'exercent sur lui les souvenirs de la Bible et les merveilles opérées par cette

---

(1) Saint Éphrem joue ici évidemment sur les mots. Dans la langue syriaque, la *perle* est aussi la *parole*. L'une et l'autre étant faites pour l'oreille, les paroles d'Éphrem revêtent un double sens qui se prolonge pendant plusieurs strophes et que nous ne pouvons faire ressortir ici.

(2) Exode, xxxii, 2.

croix divine, victorieuse du monde, il s'écarte de plus en plus de son point de départ. (1) Mais, nous l'avons déjà remarqué, Éphrem, tout en s'éloignant du but, ne le perd jamais de vue : cette fois, il interrompt brusquement la digression qui plaisait si fort à sa piété et à son génie. Il y a plus : le poète éprouve le besoin de se faire pardonner une aussi grave infraction aux lois de l'unité ; lui-même, ouvre à ses auditeurs le secret de son intelligence ; il les fait assister au curieux travail qui s'opère dans son esprit pendant qu'il improvise une hymne. Quelques mots lui suffisent, aussi clairs dans leur concision que précieux par leur franchise :

« O ma langue, arrête-toi ! Garde le silence sur les merveilleux récits de la Croix ! Mon esprit les a conçus subitement, mais il se trouble en voulant les mettre au jour. Il les a conçus en dernier lieu et voici qu'ils voudraient naître les premiers ! (2) »

Et comme à chaque développement il faut une application de l'Écriture, Éphrem assimile la lutte que se livrent ses pensées à celle de Jacob et d'Esaü dans le sein de Rébecca ! (3)

───────────

(1) Carm. Nisib. xiv, 8, 9, 10.

(2) « O lingua mea quiesce et retice miras historias crucis ; animus enim meus repente concepit eas, sed parturitiones earum ipsum percutiunt ; concepit eas inter ultimas, sed primogenitæ fieri volunt. » Carm. Nisib. xiv.

(3) Ibid, 12. — Genèse, xxv, 22.

Assurément, ces considérations du poète sont le fruit d'une tendre piété ; ces applications de l'Écriture indiquent un esprit versé dans l'étude des Livres Saints ; il y a même comme une certaine saveur originale et piquante dans cette liberté d'allures, ces écarts aventureux, ces retours inattendus ; mais ici, l'excès ne gâte-t-il pas ce qui serait excellent si on le ramenait à de plus justes proportions ? Si la nature aime à se sentir entraînée, elle ne se plaît point dans ces secousses qui, tantôt la rejettent loin du point de départ, tantôt l'y ramènent à l'improviste. L'esprit se fatigue à suivre une marche aussi irrégulière ; le moment arrive où il se refuse à admirer les rapprochements imaginés par le poète, quelque ingénieux qu'ils soient : tant d'éclairs l'éblouissent, aurait dit Fénelon (1).

Du reste, nous ne voulons point enlever à saint Éphrem l'excuse qu'il met lui-même en avant, et dont il se fait une défense si naturelle auprès de son auditoire. Il improvisait, et cela, devant un peuple qui goûtait avec délices ces figures multipliées, ces comparaisons aux mille reflets que le poète faisait étinceler devant lui. Nous devons même admirer d'autant plus saint Éphrem, qu'il est loin d'avoir cédé complètement aux séductions de sa propre nature ou aux penchants de son auditoire. Hâtons-nous de le dire : il avait trop le véritable instinct du poète pour ne pas

---

(1) Lettre à l'Académie. V. p. 41 (Édition classique Despois).

comprendre qu'il lui fallait se tenir en garde contre ses propres qualités. Aussi, bien peu de ses poèmes nous offriront-ils des défauts pareils à ceux que nous venons de signaler. Dès la fin même de cette hymne, instruit, pour ainsi dire, par l'expérience, il se relève : sa marche est plus ferme et plus sûre, ses comparaisons plus suivies ; le poète a enfin trouvé sa voie et ne l'abandonne plus ; il va d'un mouvement rapide et fort, produisant à chaque instant de nouvelles images, dont il ne donne que les fleurs, sans perdre un temps inutile à les effeuiller, jusqu'à ce qu'enfin il arrive à une péroraison parfumée d'onction mystique et de suave humilité :

« Quand elle (l'Église de Nisibe) arrivera auprès de Celui en qui sont toutes richesses, elle Lui présentera les trésors de son premier pasteur ; quand elle se verra en face du Dieu Sauveur, elle Lui montrera les captifs rachetés par le second ; quand elle sortira pour aller au devant du Fiancé, elle Lui montrera l'huile versée dans ses lampes par le troisième.

» A Celui qui récompense l'ouvrier, elle offrira les labeurs de son premier pontife ; à Celui qui chérit les miséricordieux, elle offrira l'aumône du second : à Celui qui juge les doctrines, elle offrira les enseignements du dernier.

» Quand ces trois pasteurs, dont je me suis efforcé d'être le disciple, moi, pauvre pécheur, verront le Christ me fermer l'entrée de son Paradis, que leurs prières intercèdent pour moi et obtiennent du Seigneur qu'Il m'entr'ouvre à peine les portes des cieux !

» De telle sorte qu'il puisse se glisser et entrer, le pécheur, et contempler dans la crainte et la joie la gloire de l'Éternel, et qu'alors ces trois maîtres, appelant à eux avec bonté un seul disciple, celui-ci recueille sous leur table les miettes du pain de vie ! » (1)

Saint Éphrem ne se contenta pas de glorifier Vologèse, en le comparant à ses deux prédécesseurs ; il fit l'éloge public du saint pontife. Pureté des mœurs, sagesse, prudence, gravité, amour de la prière et de la mortification, rien ne manque à la brillante couronne de vertus dont le poète ceint le front de son maître (2). Entre toutes, une reçoit principalement ses hommages, celle-là même qui excitait tant de murmures contre Vologèse : la douceur. « N'est-ce point là, dit saint Éphrem, une qualité toute divine ? » Et, s'adressant aux ennemis de Vologèse, il fait entendre cette belle parole : « Les hommes amers se plaignent de Dieu Lui-même, car Il est doux ! (3) » Comme la vie de Vologèse était irréprochable, le poète sait profiter de cette circonstance; il s'en sert comme d'un redoutable argument personnel pour presser et confondre les schismatiques : « O membres, s'écrie-t-il, soyez sem-

---

(1) Carm. Nisib. xiv, 23, 24, 25, 26.
(2) Ibid. xv, passim.
(3) Carm. Nisib. xiv, 2.

blables à celui qui est notre tête. Soyez pacifiques autant qu'il est pur, doux autant qu'il est paisible, et, comme sa beauté est parfaite et entière, que la notre soit comme la sienne, entière et sans tache! (1) » Avant de porter une accusation contre leur pontife, il faudrait donc que les clercs de Nisibe imitassent la sainteté, les austérités de leur chef ; en se modelant sur lui, ils saisiront l'opportunité de la douceur, dont ils font un crime à Vologèse.

Le peuple de Nisibe n'est plus l'enfant que l'on dirige par la terreur ; ce n'est plus l'adolescent dont une sévère remontrance corrigera les fautes : l'Église de Vologèse a atteint cette plénitude de temps qu'apporte la vieillesse ; aussi, son pontife l'a-t-il respectée : « Le doux pasteur, dit Éphrem, nous a supportés patiemment ; il n'a pas eu recours à la force, car il voulait honorer notre vieillesse. Si celle-ci n'a pas compris sa dignité, qu'il soit loué, cependant, celui dont la sagesse a su discerner notre âge ! (2) »

Enfin, comme les dignitaires de l'Église prétendaient qu'en tout temps, on devait gouverner le peuple par la sévérité, le lévite leur répond hardiment :

« Si quelqu'un soutient qu'il faut diriger le peuple par la violence et la verge, comme un voleur par la crainte, un larron par la menace, un ignorant par la

---

(1) Ibid. xv, 3.
(2) Ibid. 17.

honte, nous répondrons que si les membres du second ordre avaient secondé la tête, ils auraient entraîné après eux ceux du troisième, et tout le corps aurait suivi ; mais les seconds ont méprisé les premiers, et les troisièmes les seconds..... et, comme ils se méprisaient mutuellement, l'étranger lui-même les a foulés aux pieds. » (1)

Pour bien apprécier la sévérité de ces reproches, il faut se représenter l'Église de Nisibe aux jours de solennité, alors qu'au milieu même des cérémonies sacrées, en présence de l'évêque et de son peuple, la voix seule du poète improvisateur se faisait entendre dans le temple (2).

Quelle gravité, quelle force, quelle influence ne devaient pas avoir de pareils enseignements ? Quelle majesté n'empruntaient-ils pas à la sainteté du lieu, à l'importance de l'auditoire, au recueillement des fidèles, à l'éclat, à la pompe de la liturgie orientale ? Éphrem se trouvait ainsi le dispensateur naturel du

---

(1) Carm. Nisib. xv, 18, 19.

(2) La présence du refrain, se répétant après chaque strophe, indique suffisamment que ces hymnes étaient chantées dans le chœur. Une autre preuve encore plus sensible de ce que nous avançons se trouve dans les allusions fréquentes du poète à l'autel et au pontife qui célèbre les saints mystères. Quant au moment où avaient lieu ces improvisations, il est peut-être désigné par ces paroles de saint Jérôme, parlant des poésies d'Éphrem ; «... ad tantam venit claritudinem, ut *post lectionem scripturarum* publice in quibusdam ecclesiis ejus scripta recitentur. » *Hier.* de Script. Eccl. 115.

Le même usage se retrouve encore aujourd'hui dans certaines chrétientés de l'Afrique. V. la fin de ce chapitre.

blâme ou de l'éloge, et sa puissance était d'autant plus grande, d'autant plus respectée, qu'il l'exerçait en public et prononçait ses arrêts dans le sanctuaire même de la vérité. Nous aimons à croire que la salutaire humiliation infligée par lui aux ennemis de Vologèse les réduisit au silence. D'ailleurs, la situation politique de Nisibe et de son Église s'aggravait de jour en jour. Sur la frontière, les Perses conservaient une attitude menaçante ; à l'intérieur, Julien l'apostat s'efforçait d'ébranler le christianisme. La lutte que ce prince avait engagée contre la religion s'étendait peu à peu jusqu'aux provinces les plus reculées de l'empire. Les chrétiens de Nisibe, alarmés du double danger que couraient leur foi et leur patrie (1), attendaient avec anxiété le moment où l'orage fondrait sur eux. C'est dans ces tristes conjonctures que la mort leur enleva Vologèse. Heureusement pour eux, les vertus de ce Pontife lui survécurent dans la personne de son successeur, Abraham (2). Le nouvel évêque avait acquis, n'étant encore que simple prêtre, une réputation méritée. La prudence et la sagesse de sa conduite, la pureté de sa foi, l'énergie de son carac-

---

(1) Julien avait ordonné que l'on transportât le corps de saint Jacques hors des murs de Nisibe, de même qu'il avait fait enlever de Daphné les reliques de saint Babylas. *Joan. Chrysost.* Hom. in sanctum Babylam. Patr. Migne., II. 560.

(2) Abraham ne nous est connu que par les hymnes d'Éphrem. Cf. Bickell, Proleg. **2**.

tère, que tempérait l'aménité de ses mœurs (1), le rendaient digne des hautes fonctions remplies autrefois par saint Jacques. Aussi, malgré sa jeunesse, fut-il porté, d'un accord unanime, au trône épiscopal (2). Cette élection modifia naturellement les rapports que saint Éphrem avait entretenus jusque-là avec l'autorité religieuse; non que le saint lévite eût rien perdu de la filiale soumission et du tendre attachement qui l'unissait à son pasteur légitime, mais, humble disciple des trois premiers évêques de Nisibe, il s'était contenté de les suivre et de glorifier leurs œuvres; auprès d'Abraham, son attitude a changé. Éphrem est sur le seuil de la vieillesse; il joint à l'autorité que lui donne sa longue expérience le prestige du talent et de la renommée. Son dévouement à son évêque se traduit sous une autre forme plus grave, plus solennelle et non moins respectueuse. Il ne suit plus son pasteur; il l'encourage, il le devance, il lui signale les dangers, il lui indique les améliorations à obtenir, les fautes à éviter. Éloges, prières, conseils, tout se réunit dans ces hymnes admirables : les devoirs de l'évêque vis-à-vis de son clergé, ses obligations envers les fidèles, ses rapports avec l'autorité civile y sont tracés d'une main sûre, aussi ferme que prudente.

---

(1) « Castitate similis es Elisæo, et virginitate Eliæ, et fædere cum oculis tuis Job, fortis ut Jeremias, mitis ut apostoli. » Carm. Nisib. xxi, 4.

(2) « Laudetur Ille (Deus) qui elegit te in unanimitate. » Ibid. xviii, 3.

La piété, le dévouement à l'Église et à la patrie ont à la fois dicté ces conseils, inspiré ces exhortations ; aucune sécheresse dans ces graves enseignements, fruits de l'expérience, mûris par la charité non moins que par les ans ; aucune raideur dans ces leçons paternelles, œuvre d'une intelligence que l'amour a éclairée. La sagesse n'y revêt point ces teintes sombres qui effraient au lieu de séduire ; elle n'y recherche pas des dehors brillants et affectés, qui lui enlèveraient sa force et qui compromettraient sa dignité ; elle n'a d'autre parure que le symbolisme mystique des cérémonies de l'Église et des ornements sacrés ; son éclat est l'éclat pieux des flambeaux qui brûlent sur l'autel ; son parfum, celui de l'encens dont les vapeurs embaument le sanctuaire. On dirait que les tristesses du présent et les dangers de l'avenir, la conscience de sa propre responsabilité et de ses devoirs comme lévite et poète sacré, ont développé tout d'un coup le génie d'Éphrem. Dans cette religieuse atmosphère, où la poésie, l'amour des âmes, la charité peuvent s'épancher à leur aise, l'hymne du saint apparaît avec tous ses avantages naturels ; c'est bien la forme qui convient le mieux à sa beauté et voile le mieux ses défauts. Cela se conçoit : le ministère des âmes, dont l'épiscopat est le degré le plus sublime, demande au poète, qui en veut retracer l'auguste dignité, un accent élevé, une inspiration presque divine ; la majesté de ces fonctions ne peut être rendue que par une langue spéciale, dont les expressions et les images ne répondent pas à une réalité matérielle, mais plutôt aux beautés idéales, aux harmonies cachées de notre vie spirituelle et intelligente. Éphrem eut le secret de cette langue ; il la parla comme devait la parler un grand saint, en qui le génie n'était que le rayonnement de la vertu ; comme un lévite en qui la science n'était que l'auxiliaire de la piété ; comme un poète en qui l'imagination, échauffée et guidée par la foi, planait au-dessus de la terre, sans se perdre dans les nues.

Ce coup d'œil d'ensemble, jeté sur les différents poèmes dont Abraham est le sujet, ne suffirait pas. Il faut laisser la parole au poète lui-même, écouter quelques-uns de ses enseignements pour bien saisir la sagesse et la profondeur de ses vues.

L'élection d'Abraham avait doublement réjoui saint Éphrem. Il voyait dans son nouveau pasteur le digne héritier des vertus de Vologèse ; de plus, l'unanimité des suffrages obtenus par Abraham présageait à l'Église de Nisibe une tranquillité d'autant plus précieuse qu'elle avait fait défaut sous la précédente administration. Éphrem relève avec soin, dans ses hymnes, cette double circonstance. Abraham remplace sur le trône épiscopal de Nisibe le maître qui l'a formé ; le pontife revit dans le prêtre, l'évêque dans son disciple, le saint dans son successeur : voilà ce qu'Éphrem proclame hautement :

« Je peindrai, dit-il, dans un seul amour ; je tresserai dans une seule couronne les fleurs éclatantes et parfumées du maître et de son disciple (1).....

» La corne de son élection a bouillonné ; il a reçu la plénitude de l'onction et il a été fait notre tête; il a été élevé et il est devenu notre maître (2).

» Gloire à Celui qui lui a donné la principauté !

» En vous (ô Abraham) est le portrait de votre maître ; en vous, se retrouvent ses traits ; il est encore avec nous, quoiqu'il ne soit plus en vie. Soyez notre rempart comme Jacques ! Soyez plein de miséricorde comme Babu ! Soyez un trésor d'éloquence comme Vologèse ! (3)

» Gloire à Celui qui les a peints dans un seul pasteur ! »

La même idée est reproduite avec plus de force dans le commencement de la seconde hymne :

« O vous, qui occupez le sacerdoce après votre maître ; vous, qui succédez glorieux à un homme illustre, chaste à un homme austère, ami des saintes veilles à un homme mortifié, grâce à vous, votre maître ne nous a pas abandonnés, car nous voyons encore celui qui n'est plus dans celui qui est vivant (4)....

» Le fruit, image de l'arbre qui l'a porté, atteste

---

(1) Carm. Nisib. xvii, 2.
(2) Ibid.
(3) Ibid. 11.
(4) Carm. Nisib. xviii, 1.

hautement son origine. C'est ainsi que jusqu'à aujourd'hui, nous avons pu savourer la douceur de votre maître. C'est vous qui donnez à ses paroles une expression sensible, en les mettant en action ; votre vie reflète sa doctrine ; vos actions expliquent ses conseils; votre perfection est l'épanouissement de sa sagesse (1).

» Louange à Celui qui a fait éclater votre gloire ! »

Éphrem, qui salue avec tant de joie dans Abraham le successeur légitime des évêques de Nisibe, se félicite également de ce que son élection ait été l'œuvre unanime des fidèles et du clergé :

« O vous, le dernier de nos pasteurs, vous voilà grand maintenant! Vous voilà la tête de vos membres ! Vous, le plus jeune de tous, vous avez reçu le droit d'aînesse! Vous ne l'avez point acheté, comme Jacob; en vous, il n'a pas excité l'envie, comme il l'excita dans Aaron, que jalousaient les lévites, ses frères. C'est par amour qu'ils vous l'ont donné, comme le donna Moïse plus âgé cependant qu'Aaron. C'est ainsi que vous faites la joie de vos frères !

» Gloire à Celui qui vous a fait élire à l'unanimité ! (2) »

Pour célébrer cette élection, le poète ne se borne pas à quelques citations de l'Écriture : il emploie non

---

(1) Carm. Nisib. xviii, 2.
(2) Ibid. 3.

moins heureusement, dans cette circonstance, les figures et les symboles :

« O fruit suave de chasteté, en qui s'est complu le sacerdoce ! Vous, le plus jeune de vos frères, comme le fils de Jessé ! L'huile a bouillonné, l'onction a coulé sur vous ! La main du pontife s'est reposée sur vous et vous a choisi ! L'Église vous a désiré et vous a aimé ! Un autel immaculé a été destiné à votre ministère ! une chaire illustre à votre dignité ! et toutes ces beautés à la fois à votre diadème !

» Gloire à Celui qui a multiplié vos couronnes ! (1) »

Abraham, investi d'augustes fonctions, doit s'en rendre digne par ses vertus : ses obligations se sont accrues en même temps que ses honneurs. Éphrem ne craint pas de le lui rappeler. Il veut, dans le jeune évêque de Nisibe, une sainteté de vie telle qu'elle devienne une lumière pour tout le peuple.

« La lumière ne doit pas être obscure, dit-il, ni le sel insipide; la tête doit être irréprochable et le miroir sans tache. Il ne suffit pas au prêtre et à sa dignité, à celui qui offre l'hostie vivante, de purifier son cœur et ses lèvres..... Il doit être entièrement pur et en tout temps, car il est placé, comme un médiateur, entre Dieu et le genre humain (2). »

Le jeûne, la mortification, la prière, voilà les armes

---

(1) Ibid. xix, 2.
(2) Carm. Nisib. xviii, 12.

que revêtira Abraham. Qu'il réunisse en sa personne les vertus des Patriarches et des Apôtres ; qu'il possède à la fois les richesses de l'Ancien et du Nouveau Testament !

Mais cette sainteté personnelle ne suffit pas à l'évêque ; il faut qu'il administre et gouverne ; qu'il joigne l'action à l'exemple :

« Allons, ô bienheureux, s'écrie le lévite, levez-vous! Passez en revue votre troupeau, ô pasteur infatigable ! De même que Jacob mettait en ordre ses brebis, ainsi vous-même disposez votre troupeau. Réglez sagement le ministère de la parole ; faites briller la pureté dans les ascètes, la chasteté dans les vierges : gouvernez les prêtres avec gloire, les chefs avec douceur, les simples fidèles avec justice ! (1) »

« Soyez, dit encore Éphrem à Abraham, la couronne du sacerdoce, la gloire du ministère ; soyez le père de vos prêtres, le maître des diacres, le précepteur de l'enfant, le bâton et la main du vieillard, le rempart de la vierge consacrée à Dieu ; que votre vie soit le triomphe de l'alliance entre l'homme et Dieu ! Que votre beauté soit l'ornement de l'Église ! (2)

» Gloire à Celui qui vous a choisi pour le sacerdoce ! »

Éphrem ne s'en tient pas à ces généralités ; il des-

---

(1) Ibid. xix, 3.
(2) Ibid. xxi, 5.

cend plus d'une fois dans les détails. Parmi les conseils qu'il donne à Abraham, il en est qui dénotent dans le saint lévite une sagesse, une prudence supérieure.

Ainsi, l'éloquence de Vologèse avait produit peu de fruits dans Nisibe; Éphrem recommande à Abraham de recourir aux actes plutôt qu'aux paroles :

« Que votre enseignement surabonde en œuvres plutôt qu'en paroles. Ne semez que peu de paroles et cultivez notre terre par les œuvres. Si la semence est modeste vos soins empressés en multiplieront les fruits. Un habile laboureur sait multiplier les fruits des modestes semences (1). »

Pasteur d'une nombreuse population, où se confondaient les éléments les plus divers, la richesse et la pauvreté, les vertus et les vices, Abraham doit apporter dans sa conduite ce tact intelligent qui ne froisse aucun intérêt, ne blesse aucun amour-propre, respecte toutes les dignités, élève sans enorgueillir, corrige sans rebuter et maintient dans un grand corps l'harmonie nécessaire à sa vie. Éphrem le fait entendre à l'évêque de Nisibe dans un noble langage :

« Ne provoquez point les puissants; ne désespérez pas des pervers; amollissez et instruisez les riches; exhortez les pauvres et gagnez-les à Dieu !... (2)

« Médecin de nos âmes, prenez avec vous des milliers

---

(1) Carm. Nisib. XVII, 7.
(2) Ibid. XIX, 10.

de remèdes ; levez-vous, promenez-vous dans les prairies du Seigneur ! Guérissez les malades, préservez celui qui est sain ; ne vous contentez pas d'un seul remède, mais apportez des secours en grand nombre, et que la maladie puisse être guérie, et que vous-même vous soyez instruit par l'expérience !... (1)

« Que la terre réponde à vos désirs ! la vigne à vos labeurs !

« Que le troupeau soit en dedans de votre bercail et les brebis pleines de santé sous votre houlette ! Soyez notre tête glorieuse ; soyons nous-mêmes les diamants de votre couronne ! (2) »

On reconnaît la charité tendre et affectueuse d'Éphrem dans ces autres paroles où il indique à Abraham les larmes et la pénitence comme un puissant moyen de convertir le pécheur :

« Si une faute a été commise et que vous en soyez instruit par des témoins sincères, incapables de vous tromper, versez des larmes et éteignez ainsi la flamme qui brûle le pécheur. Qu'ils prient avec vous ceux qui vous auront compris ; qu'ils jeûnent par votre ordre, ceux qui auront connaissance de ce malheur ; que toute votre demeure soit dans le deuil, afin que celui qui s'est égaré par le péché soit ramené par la pénitence.

---

(1) Carm. Nisib. XIX, 12.
(2) Ibid.

« Gloire à Celui qui a retrouvé la brebis perdue ! (1) »

Mais, si la longanimité, la compassion sont nécessaires au pasteur de Nisibe, il aura également recours à l'énergie et à la force pour opérer d'utiles réformes. Nous savons, d'après le témoignage de saint Jean Chrysostome, qu'un usage répandu dans certaines Églises de Syrie permettait aux simples fidèles de s'élever, plus d'une fois, dans leur enthousiasme et la vivacité de leurs convictions, jusqu'au rôle de prédicateur. L'archevêque de Constantinople admirait cette prédication populaire qui lui rappelait l'éloquence apostolique (2); mais Éphrem, qui en connaissait tous les avantages, prévoyait que cette liberté mal réglée dégénèrerait en licence; il veut qu'Abraham dispose sagement le ministère de la parole et qu'il n'autorise les fidèles à parler que selon leur âge et leur rang :

« Permettez au vieillard de parler, imposez silence au jeune homme. Que l'étranger qui viendra vers vous vous connaisse à la règle établie par votre sagesse, qui fixera à chacun le rang dans lequel il doit parler : à celui-ci le premier, à un autre le second, à un autre le troisième. Ainsi, si chacun garde ses lèvres et conserve son rang, on exaltera votre bonheur. (3) »

L'amour des richesses et des plaisirs, fruit d'une

---

(1) Carm. Nisib. xxi, 12.
(2) Joan. Chrys. Opp. ii, 224, 223.
(3) Carm. Nisib. xxi, 10.

civilisation molle et efféminée, constituait pour l'Église de Nisibe, un autre danger qui menaçait jusqu'aux membres eux-mêmes du clergé. Éphrem appelle sur ce point l'attention d'Abraham :

« Que l'Église ne possède point de richesses ! Qu'elle se contente de l'empire des âmes et que cette réserve excite l'admiration !

« La source du mal est dans la volupté, dans la cupidité, dans le vol des imitateurs de Giési, dans les calomnies des imitateurs de Nabal. Fermez à jamais ces sources odieuses, de peur qu'elles ne jaillissent avec abondance et ne souillent l'Église, et qu'une goutte de cette onde ne vienne jusqu'à vous ! (1) »

Les funérailles des chrétiens se ressentaient encore des coutumes païennes. Le saint diacre exhorte son évêque à détruire cet abus :

« Que les morts ne soient plus ensevelis, selon la coutume des païens, avec les signes du désespoir. Faites disparaître les vêtements de la désolation, les gémissements et les plaintes. Celui qui vit doit se revêtir d'une tunique ; mais, au mort suffit son tombeau (2). »

Ce conseil ne doit pas être regardé simplement comme inspiré à Éphrem par son humilité, son horreur bien

---

(1) Carm. Nisib. xvi, 8. — S. Pierre Damien déplore presque dans les mêmes termes l'influence des richesses au sein de l'Église. Patr. lat. cxlix, col. 205.

(2) Carm. Nisib. xvi, 7.

connue pour l'ostentation et les magnificences extérieures du luxe. Il renferme la conclusion pratique de l'enseignement d'Éphrem sur la mort, enseignement qui n'est autre qu'une éloquente exposition de la doctrine chrétienne opposée aux erreurs invétérées du paganisme et aux hérésies de Manès et de Bardesane (1).

Mais, s'il est une vertu qu'Éphrem tienne à voir fleurir sur le trône épiscopal de Nisibe, s'il est à ses yeux un devoir plus spécialement imposé à son pasteur, c'est la vigilance vis-à-vis des novateurs, l'absence de toute relation de nature à altérer l'intégrité de la foi, à ternir la pureté de la fiancée confiée par Dieu à Abraham.

L'aménité de caractère du successeur de Vologèse éveillait avec juste raison la sollicitude d'Éphrem. Il aurait voulu voir dans son évêque un autre saint Jacques, aussi sévère que le premier, aussi ferme dans la défense des saintes croyances révélées par Dieu. Ces sentiments, ou plutôt cette crainte tempérée d'espérance, se trahissent dans les chants du poète ; il tremble pour son Église bien-aimée ; il presse, il conjure Abraham d'éviter tout contact avec l'hérésie et d'en préserver soigneusement Nisibe. Le lévite, dont l'humilité est si grande, n'écoute dans ces circonstances que l'ardeur de sa foi ; il ne conseille plus,

---

(1) V. le chapitre suivant.

il commande au nom d'une puissance divine, celle de la religion dont il est le représentant :

« O fiancé virginal ! Je voudrais exciter quelque peu votre zèle envers l'épouse de votre jeunesse ! Faites cesser les rapports familiers que, depuis son enfance, elle entretient avec de nombreux étrangers ! Gourmandez-la ; qu'elle rentre en elle-même ; qu'elle sache enfin qui elle est, quelle elle est ! Que par vous elle aime le Christ, son véritable fiancé !

« Gloire à Celui qui l'a fiancée à son Fils unique !

« O laboureur, veillez attentivement sur l'ivraie qui a germé et s'est mêlée au froment ! La ronce s'arrache plus facilement que la menthe obscure qui, propagée par le moindre souffle de l'air, envahit la moisson et l'étouffe (1)...

« Il convient à un nouveau pasteur d'exercer sur son troupeau une surveillance nouvelle ! Il faut qu'il connaisse le nombre de ses brebis et l'état de leurs besoins ! Votre troupeau, c'est celui qui a été racheté par le sang du Chef des pasteurs ! Appelez donc et faites passer une à une, devant vous, toutes vos brebis, car leur nom est inscrit, leur nombre est compté au livre de vie !

« Voici que la fiancée de votre Maître vous a été confiée. Préservez-la de tout malheur ! Éloignez d'elle ces hommes corrupteurs qui appellent leurs réunions

---

(1) Carm. Nisib. xx, 1, 2.

de leur propre nom. Votre Église a reçu le nom de son Fiancé ; qu'elle n'aille pas le prostituer avec l'étranger ! Mais, plutôt, qu'elle glorifie les noms dans lesquels elle a été baptisée, les noms du Père, du Fils et du Saint-Esprit ! (1) »

Tel est, selon Éphrem, le zèle qui doit transporter Abraham pour le salut des âmes ; telle est la haute et sublime idée qu'il doit se faire de ses fonctions.

Cela ne suffit pas encore. A ces saintes préoccupations, qui exigent de l'évêque de Nisibe une piété, une vigilance toute apostolique, s'en mêlent d'autres, d'un ordre moins élevé, mais très-graves et très-sérieuses cependant. L'armée romaine, imprudemment engagée par l'empereur Julien, est en pleine retraite. Les Perses la suivent. La guerre se rapproche de plus en plus de Nisibe. Les chrétiens effrayés se resserrent autour de leur évêque ; de là, une nouvelle et périlleuse charge imposée à Abraham : celle de rassurer son peuple, de l'encourager, de dissiper ses frayeurs. Éphrem n'a garde de l'oublier. Élève de saint Jacques et de Babu, il se rappelle les exemples d'énergie et d'attachement à la patrie donnés par ces deux pasteurs, et, rempli de ces souvenirs, il indique à Abraham l'attitude de l'évêque de Nisibe en face de l'ennemi :

« Que votre jeûne soit l'arme de notre province !

---

(1) Carm. Nisib. xx, 4.

votre prière, le bouclier de notre ville! Que votre encensoir obtienne notre pardon du Seigneur! (1)

« Gloire à Celui qui a sanctifié votre autel!

« Le pasteur, que la mort vient de ravir au troupeau, l'avait mené dans les pâturages de la parole de vie! Armé d'une insigne houlette, il l'a défendu contre les loups cachés.

« Prenez la place de votre maître, cette place tout altérée du son de ses cantiques! Dressez-vous comme une colonne, dans cette ville au peuple épouvanté! Soutenez-la par vos prières!

« Gloire à Celui qui vous a fait notre colonne! (2) »

Pour mener à bonne fin cette œuvre de la résistance contre l'ennemi, une entente est nécessaire entre les deux pouvoirs dont les chrétiens dépendent : le pouvoir spirituel, le pouvoir civil. Ainsi se posait déjà devant saint Éphrem le problème qui excite, dans notre monde actuel, de si ardentes controverses : les rapports de l'Église et de l'État. Le lévite de Nisibe n'en cherche pas la solution dans des théories abstraites ou de dangereuses utopies. Il ne veut pas que ces deux éléments de la société vivent vis-à-vis l'un de l'autre dans un état d'isolement qui paralyserait leur action ; au contraire, le prince et le pontife réuniront leurs efforts et se prêteront un mutuel

---

(1) Carm. Nisib. xvii, 4.
(2) Ibid. 5.

appui ; cette heureuse association de forces distinctes, concourant à un but commun, amènera le bonheur des peuples, le triomphe de la vérité, le progrès de la religion, l'amour de la patrie. L'État et l'Église ont chacun leur domaine : au premier, l'empire des corps ; à la seconde, la souveraineté sur les âmes. Leur puissance s'exerce de même par des moyens différents : le prince commande par la force, l'Église dirige par la douceur.

En définissant en ces termes l'auguste mission de l'Église, Éphrem avait conscience de la situation politique de l'empire. Il faisait de la religion une puissante médiatrice entre l'autorité des princes et la fidélité des sujets, tempérant ce que l'une avait de trop d'absolu, relevant et fortifiant ce que l'autre pouvait avoir de lâche et d'indécis. Dans la pensée du lévite, si le prince a la force dans sa main, s'il est le dépositaire de la justice et des lois, l'évêque est le dispensateur des miséricordes, le maître des intelligences. Le gouvernement parfait est celui qui résulte de l'accord intelligent de ces deux puissances.

Ces grandes vérités appartiennent à tous les temps ; mais, au moment où les ressorts qui faisaient mouvoir l'administration intérieure de l'empire se relâchaient ou se brisaient violemment, n'était-ce point un acte de patriotisme et de sagesse que de les rappeler ? Cette voix qui, du fond d'une province exposée aux ravages de l'ennemi, conviait à une féconde amitié le sacerdoce et l'empire, c'était le cri du peuple cherchant un refuge auprès du trône et de l'autel, et ne voyant son salut que dans cette alliance. Nisibe se souvenait des jours de tranquillité et de paix qu'elle avait goûtés sous le règne de Constantin auprès duquel saint Jacques avait toujours joui d'une faveur méritée. Elle honorait également la mémoire de Constance. Quoique protecteur de l'arianisme, ce prince avait respecté la foi de ses habitants ; désireux de conserver à son empire une importante forteresse, il avait séjourné longtemps à Nisibe, entretenu une garnison dans ses murs et résisté vaillamment aux Perses qui désolaient la province (1). Aussi Éphrem, l'adversaire déclaré des Ariens, fait-il l'éloge de Constance et vante-t-il sa douceur, semblable, dit-il, à celle de Vologèse (2). L'avènement de Julien vint troubler l'harmonie qui s'était maintenue entre les empereurs et les évêques de Nisibe. Entre le prince apostat qui tentait de relever l'idolâtrie et le chef de l'Église chrétienne, la lutte seule était possible. Abraham, à peine élevé sur le trône épiscopal, dut engager ce combat dont il sortit victorieux. Les émissaires (3) envoyés par Julien pour ranimer dans

---

(1) Chronic. Edessenum apud Bickell. Proleg. 20-21.

(2) Carm. Nisib. xxi, 20.—Le représentant le plus illustre de la ville de Nisibe, parlant à Jovien, lui allégua comme exemple la conduite de Constance. Ammién Marcellin. I, 25, c. 9. — Zozim. l. 3, ch. 33. — Chronique de *Malala*. Part. 2, 27.

(3) « Agricolam qui apostatavit, et spinas serere inceperat per servos suos... » Carm. Nisib. xviii, 8,

Nisibe le culte des idoles ne réussirent point à ébranler la foi des fidèles. Éphrem félicita Abraham de ce triomphe. Comme tous les chrétiens, il vit dans la chute soudaine de l'Apostat la main du Seigneur (1). C'est sous cet aspect tout religieux qu'il envisage les événements dont l'Orient a été le théâtre et qui ont retenti jusque dans Nisibe :

« Un jeune athlète., dit-il en parlant d'Abraham, a soutenu la lutte odieuse engagée par l'idolâtrie dans sa puissance ; celle-ci a été vaincue et s'est dissipée comme la fumée ; sa fin s'est montrée aussitôt que son commencement.

« Gloire à Celui qui a soufflé sur elle et l'a éteinte aussitôt !

» La voix du clairon vous a soudain frappé de stupeur ; elle vous appelait au combat : vous êtes entré dans la lice comme un nouveau David ; par vous, il a été vaincu cet autre Goliath....

» Contre le laboureur apostat, qui commençait à répandre les ronces par les mains de ses serviteurs, le véritable Laboureur s'est irrité : Il a retranché, Il a coupé ce qui était à sa gauche ; à droite, Il a porté l'abondance et semé dans les cœurs la parole de vie. Et voici que notre âme est cultivée par ses prophètes et ses apôtres. O Abraham, cultivez nos intelligences !

---

(1) Cf. Grégoire de Nazianze. Orat. IV. — S^{ti} Joan. Chrysost. Hom. in S. Martyr. Babylam.

» Gloire à Celui qui vous a choisi comme notre laboureur ! (1) »

La tentative de Julien avait porté l'inquiétude et le trouble dans l'Église ; à la nouvelle de l'élection de Jovien, la tristesse fit place à la joie, la crainte à l'espérance. Pendant la période d'alarmes et d'angoisses qui s'était écoulée entre le départ de Julien et sa chute, des actes nombreux de brigandage et de rapine avaient été accomplis dans Nisibe (2). Le nom de Jovien éclata aux oreilles des malfaiteurs comme un coup de tonnerre (3) et rendit courage aux opprimés qui voyaient s'ouvrir devant eux une ère de réparation et de paix (4). Témoin oculaire de ce revirement de l'opinion, Éphrem en a consacré le souvenir dans ces vers :

« Voici, dit-il, que la renommée de notre nouveau prince a retenti et s'est répandue dans le monde : l'épouvante a saisi les voleurs, et les victimes ont pris confiance ; les hommes voraces ont vomi : ils se sont hâtés de rendre tout ce qu'ils avaient dévoré (5). »

---

(1) Carm. Nisib. xviii, 6, 8.

(2) « Alius furatus est et satisfecit siti suæ, alius autem furatus est et adhuc furtum sitit. Furati sunt divites et pauperes, furati sunt esurientes modice, satures autem immodice. » Carm. Nisib. xxi, 15.

(3) « Ecce fama novi regis intonat et venit in mundum. » Ibid. 14.

(4) « Timeant etiam a te (Abraham) ut priores consuetudines aboleantur communi sacerdotis et justi regis operâ ! » Ibid., 14.

(5) « Direptis facta est confortatio et direptoribus horror. Vomitus accidit voracibus, ut redderent quodcumque devoraverunt. » Carm. Nisib. xxi, 14.
— Le comte Magnus reçut l'ordre de rebâtir à ses dépens l'église de Beryte, détruite par lui, sous le règne précédent. *Théodoret.* iv, ch. 22.

Mais, c'est surtout dans l'intérêt de son Église bien-aimée qu'Éphrem applaudit à l'élévation de Jovien. Que n'espère-t-il pas de l'aide mutuelle que se prêteront Abraham et le nouvel empereur? Quels heureux jours ne prévoit-il pas pour cette foi chrétienne, à peine échappée à la tourmente, mais qui, désormais, appuyée sur un prince pieux et intrépide, peut se promettre une longue suite de triomphes et de pacifiques conquêtes? Après tant de guerres, de ruines et de désastres, la paix se lève sur Nisibe ; ses bienfaisantes lueurs vont éclairer tout l'épiscopat d'Abraham. L'imagination du poète, si longtemps attristée par les revers et les infortunes de la patrie, sourit enfin à un avenir moins sombre : elle ne peindra plus uniquement des scènes de désolation et de deuil. L'ennemi vaincu, l'empire affermi, l'hérésie réduite au silence, l'Église retrouvant sa liberté et reprenant ses vêtements de gloire, le calme et le repos au dedans et au dehors, le cantique d'actions de grâces montant vers l'Éternel, saintes prémices de la moisson céleste qui se prépare, le ciel répandant sur la terre la rosée des bénédictions, voilà le tableau grandiose tracé par Éphrem, les consolantes perspectives qui se déroulaient à sa pensée au moment où Jovien montait sur le trône :

« O Abraham, disait le poète, que la terre gouvernée par vous jouisse enfin de la paix ; car votre aspect annonce la paix ; que par vous les églises soient reconstruites, qu'elles se revêtent de leurs ornements;

qu'on y ouvre les Livres Saints, qu'on y dresse les tables du sacrifice, qu'on y voie resplendir les pontifes; que du parvis l'action de grâces monte, comme des prémices, vers le Seigneur pacifique ! (1)

» Gloire à Celui qui ressuscite nos Églises.

» Que votre prière s'élève vers le ciel, et, avec elle, notre pardon ! Que le Dieu du ciel fasse pleuvoir ses bienfaits sur nos crimes, ses consolations sur nos tristesses; qu'Il réunisse ce qui était dispersé (2).....

» Que notre sacerdoce possède la suavité, et notre empire la force; que les prêtres prient pour les princes, afin que ceux-ci deviennent le rempart du genre humain ! La victoire appartient aux rois, la foi appartient aux prêtres. Que la victoire sauve les corps, que la foi sauve les âmes ! Que les rois mettent fin à la guerre, et les prêtres aux vaines discussions (3) !

» Gloire au Fils de Celui qui partout répand la paix ! »

Les souhaits d'Éphrem ne devaient pas se réaliser. Au moment même où il se laissait aller à ses douces espérances, où sa foi de chrétien se promettait pour l'Église, objet de ses affections, de longs jours de prospérité, Jovien signait l'abandon de Nisibe. Au lieu de la victoire qu'attendait Éphrem, la défaite et la capti-

---

(1) Carm. Nisib. xxi, 18.
(2) Ibid. 19.
(3) Ibid. 21, 22.

vité se présentèrent devant Nisibe. Quand le nouvel empereur, à la tête de son armée fugitive, reparut devant cette ville qu'il se voyait forcé de livrer à ses ennemis, les larmes des chrétiens accueillirent seuls sa présence; les acclamations joyeuses, qui saluent d'ordinaire l'avènement des princes, ne frappèrent point ses oreilles; il n'entendit que les instances touchantes de ses anciens sujets, lui demandant vainement qu'on leur laissât le droit de se défendre eux-mêmes, dernier effort d'un dévouement généreux, mais désormais impuissant (1).

Dieu ne permit donc pas à l'épiscopat d'Abraham, si riche en espérances, de porter ses fruits. L'Église de Nisibe, frappée d'un coup mortel, loin de croître et de se développer, comme le présageait le poète dans un instant d'illusions trop tôt déçues, cessa de compter parmi les chrétientés de Syrie: ce ne fut qu'après un intervalle de plusieurs années qu'elle reprit sa place

---

(1) *Ammien Marcellin*. 25, 9. — Nous citerons ici, comme preuve de l'émotion produite en Orient, par l'abandon de Nisibe, les paroles de saint Jean Chrysostome. Quoique déjà loin de ces temps malheureux, l'orateur laisse percer une réelle tristesse dans son langage, dernier écho d'une grande douleur : « Πέσοντος δὴ οὖν οὕτως αἰσχρῶς, ὁρῶντες ἐν ἐσχάτοις αὑτοὺς ὄντας οἱ στρατιῶται προσέπεσον τοῖς ἐχθροῖς, καὶ δόντες ὅρκους ἀποστήσεσθαι τοῦ πάντων ἀσφαλεστάτου φρουρίου, καὶ ὃ τῆς καθ'ἡμᾶς οἰκουμένης ὥσπερ τεῖχος ἦν ἀρραγὲς οὕτω διέφυγον..... καὶ ἦν ἰδεῖν πάσης αἰχμαλωσίας ἐλεεινότερον θέαμα· οἱ γὰρ τὴν πόλιν οἰκοῦντες παρ'ὧν χάριτας προσεδόκησαν λήψεσθαι ὅτι δίκην προβόλον πάντας τοὺς ἔνδον ἐν λιμένι κατέστησαν, ἀντὶ πάντων πρὸς πάντας αὐτοὶ προβεβλημένοι τοῖς κινδύνοις ἀεὶ, παρὰ τούτων τὰ τῶν πολεμίων ἔπασχον εἰς ἀλλοτρίαν μετανιστάμενοι γῆν, καὶ οἰκίας, ἀφέντες καὶ ἀγροὺς καὶ πάντων τῶν κτημάτων ἀποσπώμενοι τῶν προγονικῶν. » Joan. Chrysost. Loc. cit.

dans l'histoire (1). Éphrem n'existait plus, et ses dernières heures n'avaient pas été consolées par le spectacle de la foi revenant à la vie dans ces contrées où elle avait été si glorieuse et si respectée.

Depuis, la main de la mort s'est appesantie une seconde fois sur l'Église d'Éphrem. Les invasions arabes (2) et le despotisme musulman ont détruit sur ce sol la religion chrétienne; c'est à peine si de ce tronc, vigoureux autrefois, sortent encore quelques rameaux appauvris et desséchés par le schisme.

Sur la colline qui domine aujourd'hui la misérable bourgade de Nisibe, on aperçoit les ruines d'une Église aux proportions majestueuses. Des inscriptions mutilées ou effacées par le temps, des débris à demi ensevelis dans le sable, un tombeau encore intact, mais vide à l'intérieur, et que l'on croit être celui de saint Jacques; voilà les seules traces qui rappellent au chrétien de Nisibe l'ancienne splendeur de son Église. Pour nous, qui relisons les hymnes d'Éphrem, il nous est permis de remonter à travers les âges et de faire revivre dans notre pensée cette gloire maintenant éteinte. Évoquée par les chants du poète, l'Église de Nisibe nous apparaît telle qu'elle était à cette époque mémorable où, gou-

---

(1) On rencontre un évêque de Nisibe, Hosée, parmi les Pères du Concile de Séleucie (420). Dionysius Telmachr apud Bickell. Proleg. 21. Nisibe ne rentra sous la domination romaine que vers la fin du vi⁰ siècle. V. Hist. de Jean vi, patriarche d'Arménie.

(2) Mémoires hist. et géogr. sur l'Arménie. *Saint-Martin*, t. i, 25.

vernée par des évêques comme saint Jacques et Vologèse, honorée par les princes, respectée des infidèles, elle répandait au loin la parole divine, résistait à l'hérésie et repoussait les barbares. Aidée par Éphrem, notre imagination repeuple ce temple désert : elle introduit dans cette solitude le long cortége des prêtres, des ascètes et des vierges; elle ébranle encore ces voûtes silencieuses du bruit des hymnes et des cantiques. Ce ne sont là que des souvenirs, mais que de grandeurs dans ces souvenirs ! Et quand le présent n'offre que des tristesses, quand l'avenir ne promet que douleurs, comment ne pas se complaire dans les splendeurs du passé !

§ II. — L'ÉGLISE D'ÉDESSE

La ville d'Édesse, à laquelle Éphrem a attaché son nom, était considérée, au ivᵉ siècle, comme une des cités les plus puissantes et les plus prospères de l'Orient. Fière de son antiquité qui la rattachait aux Patriarches (1), admirablement située dans une plaine fertile, arrosée par une magnifique rivière qui lui avait mérité le nom de Callirrhoé (2), elle offrait plus

---

(1) S. Éphr. in Genes. Assemani. 1, 26. — Hier. in Genes. — Isid. Hisp. Orig. xv.
(2) Pline, liv. v, c. xxiv.

encore que Nisibe, dans sa population et ses monuments, le mélange des trois civilisations, asiatique, grecque et romaine. Un commerce florissant, une industrie célèbre, celle de la fabrication des armes (1), alimentaient ses revenus et attiraient dans ses murs une foule nombreuse d'étrangers, venus des différents points de la Syrie, de la Chaldée, de l'Égypte et de l'Asie-Mineure. Dans les campagnes de l'Osrhoène, les mœurs avaient conservé une simplicité primitive; il n'en était pas de même dans la capitale, où le luxe des principaux habitants ne le cédait en rien à celui des patriciens de la Rome impériale. Il y revêtait seulement une forme propre au caractère des Orientaux et au climat de ces contrées. Tout, dans ces molles existences, semblait calculé pour la jouissance du moment, pour la satisfaction la plus raffinée des sens. Que de fois Éphrem ne reprocha-t-il pas aux riches citoyens d'Édesse de se revêtir d'étoffes précieuses, auxquelles un art, arrivé à sa perfection, savait donner les couleurs les plus éclatantes et les formes les plus voluptueuses; de s'entourer d'une multitude d'esclaves, cortége fastueux et inutile, de s'adonner aux plaisirs grossiers de la table ; de se passionner pour les spectacles, les danses et les concerts, de faire de leur vie comme une succession continuelle de fêtes et de joies licencieuses, auxquelles la pensée de la mort pouvait

---

(1) Bayer, Hist. Osrh. 4, 7, 31 et sqq.

seule les arracher (1) ! Quelque triste que fût cette dissolution des mœurs, la parole divine, portée dans Édesse par l'apôtre Thadée, n'était point tombée sur un sol ingrat ; la foi chrétienne avait poussé dans cette terre de profondes racines ; ses fruits s'y étaient multipliés, la persécution les avait mûris, de telle sorte qu'au moment où Constantin monta sur le trône, l'Église d'Édesse, déjà forte et vigoureusement constituée, pouvait être proposée comme modèle aux jeunes chrétientés qui l'entouraient (2). Elle opposait avec avantage les vertus qui florissaient dans son sein aux vices qui désolaient la société païenne et des maîtres habiles et nombreux, dont la science balançait celle des docteurs les plus réputés de la synagogue, y interprétaient la sainte Écriture (3). Le grand mouvement qui entraînait alors les populations vers la vie religieuse s'était communiqué de bonne heure à Édesse. Dès le milieu du IV° siècle, plus de 300 monastères se pressaient dans les faubourgs de cette ville (4). Un autre

---

(1) « Ubi tunc (ante tribunal judicis) juventutis mollities ? Ubi superfluus atque lascivus vestium ornatus? Ubi a latere qui discurrebant famuli? Ubi comptæ atque ornatæ filiæ ?..... Ubi unguenta ?..... Ubi epulæ et deliciæ ? Ubi qui cum tympanis et saltationibus vinum bibunt et deliciis indulgent ? » *S. Éphr.* In eos qui in Christo obdormierunt.

(2) Saint Jean Chrysostome reconnaît lui-même la piété singulière de cette église. Voici ce qu'il dit d'Édesse : « Πόλιν ἀγροκοιτέραν μὲν τῶν πολλῶν, εὐσεβεστέραν δέ..... » Hom. in sanctam Bernicen.

(3) Bibl. Orient. t. IV, 928.

(4) Act. x. Asseman. Proleg.

titre rendait encore cette Église plus chère à tous les chrétiens de la Syrie : elle possédait, dans son trésor, une petite partie des ossements de saint Jean-Baptiste (1); quelques voyageurs, venus des Indes, lui avaient apporté une portion du corps de l'apôtre saint Thomas martyrisé dans ces contrées lointaines (2). Les peuples de l'Osrhoène et de la Mésopotamie s'empressaient autour de ces saintes reliques ; Édesse était le but de leurs pieux pélerinages ; ils l'appelaient la ville sainte, la ville bénie, la ville chrétienne par excellence (3).

Au moment où Éphrem vint s'y établir, rien ne troublait, dans Édesse, la tranquillité des fidèles. Si l'arianisme commençait à se répandre, si même, quelques années auparavant, il avait réussi à opérer un schisme, à constituer une Église, celle-ci, maltraitée par l'empereur Julien, avait disparu à l'avénement de son successeur (4). Les chrétiens égarés étaient revenus à la vraie foi, et leur obéissance n'offrait à Éphrem que des sujets de consolation.

Proche voisine de l'Osrhoène, la chrétienté de Carrhes subissait, au contraire, en ce moment, de cruelles épreuves. Carrhes, célèbre dans l'histoire par la défaite de Crassus, bien différente d'Édesse si promptement convertie au christianisme, avait toujours conservé son

---

(1) Jos. styl. ap. Asseman. I et sqq. — Carm. Nisib. xxxiii, 13.
(2) Carm. Nisib., xlii, et sqq.
(3) Act. xxxvii. — Carm. Nisib. passim.
(4) Julian. Ep. 43.

attachement à l'idolâtrie (1). Ses habitants, païens en grande partie, reçurent avec joie Julien l'apostat, lorsqu'il traversa la Mésopotamie en allant attaquer les Perses; c'est dans un temple de cette ville qu'il offrit un sacrifice célèbre dont Théodoret nous a transmis les détails (2). Sur une terre où le paganisme se maintenait si opiniâtrément, la religion chrétienne ne progressait que peu à peu.

Malheureusement pour elle, l'hérésie entravait encore sa marche, en entretenant des divisions au sein même du clergé de Carrhes. Au lieu de présenter à l'idolâtrie, leur puissant adversaire, des rangs compactes et unis, les chrétiens épuisaient leurs forces dans des querelles intestines, dangereuses pour leur foi, affligeantes pour l'Église. Nul ne souffrait davantage de cette triste situation que Vitus (3) évêque de Carrhes. Digne émule de ses collègues de Nisibe par ses vertus et son attachement à la vraie doctrine, Vitus ne rencontrait, dans son pénible apostolat, que des amertumes sans consolation. Le peuple qui lui était confié, sourd à sa voix et à ses conseils, continuait à honorer les idoles (4). Les yeux de l'évêque, fatigués de ce spec-

---

(1) Cf. Chwolsohn (die Ssabier und der Ssabismus) I, p. 304 et sqq.

(2) *Théodoret.* L. III, 26.

(3) Chronic. Edess. apud Bickell. Proleg. 23.

(4) « Spinæ et zizania et rhamni idolatriæ, quæ madefiunt libamentis, in quibus spirat error, progerminaverunt Carrhis, in hoc templo dæmonum.» Carm. Nisib. XXXIII, 1.

tacle douloureux, ne se reportaient sur son Église que pour y être témoins de maux non moins graves, des révoltes et des séditions excitées par l'arianisme. Les souffrances endurées par Vitus eurent promptement leur écho dans Édesse du sein de laquelle était sorti l'évêque de Carrhes (1). Le bruit en vint jusqu'à Éphrem. Pendant plusieurs mois, le Saint avait gardé le silence; il le rompit à cette occasion; il intervint au nom d'Édesse qui considérait l'Église de Carrhes comme sa fille, car non-seulement elle lui avait donné un de ses prêtres pour pasteur, mais encore de la capitale de l'Osrhoène étaient partis les premiers missionnaires, dont la parole avait annoncé Jésus-Christ aux populations gouvernées en ce moment par Vitus (2). Consoler et encourager l'évêque au milieu de ses peines, donner au clergé de Carrhes un salutaire avertissement, tenter un suprême effort auprès des habitants égarés dans de superstitieuses pratiques : les hymnes d'Éphrem tendaient à ce triple but. De là, le mélange de douceur et de sévérité, d'indignation et de tendresse, qui se manifeste dans ces quatre poèmes. Pour confondre les païens, Éphrem appelle en témoignage l'Ancien Testament; il invoque le souvenir de la Genèse, ce livre bien connu des habitants de Carrhes, l'ancienne Harran mentionnée plusieurs fois

---

(1) « Filius Édessæ visitet matrem suam! » Ibid. 8.
(2) « Filia similis esto matri tuæ ! » Ibid. xxxiv, 3.

par Moïse. Harran, la première patrie d'Abraham, était déjà, du temps de ce Patriarche, adonnée au culte des idoles (1) : Laban y résidait, Laban, l'oncle de Jacob, qui trompa si longtemps par ses ruses les espérances de ce dernier et essaya de lui ravir les fruits légitimes de ses travaux. Éphrem profite largement du récit de l'historien sacré ; il en reproduit tous les traits ; il en commente les moindres détails et, selon son habitude, en fait l'application aux circonstances dans lesquelles se trouve Carrhes. Laban, qui a déserté la foi des Patriarches ses ancêtres, qui a renié le vrai Dieu, représente la portion idolâtre du peuple de Carrhes. Jacob, au contraire, qui marche devant le Seigneur dans la simplicité de son âme, et se dévoue, pendant de longues années, à un service pénible et ingrat, est la figure de Vitus s'imposant de dures fatigues pour sauver un peuple rebelle et obstiné. Laban, l'homme égoïste, dont l'âme n'est ouverte à aucun sentiment généreux, emploie le mensonge et la perfidie dans le but d'enlever à Jacob la récompense promise. Jacob ne fait entendre aucune plainte : il prie et supporte patiemment l'injustice. Dieu, touché de la vertu de son serviteur, multiplie lui-même ses richesses et l'enlève à ce maître ingrat qui ne sait pas reconnaître les services rendus. Jacob abandonne Harran ; la vérité se sépare

---

(1) Cf. Genèse. XXXI. XXXIX.

de l'erreur ; le Seigneur prononce entre le juste très-pur et l'idolâtre menteur une éternelle séparation. Semblable à Laban, Carrhes voudrait priver Vitus du salaire qu'il a mérité. Dieu punira-t-il cette conduite par le même châtiment ? Enlèvera-t-il à ces hommes si obstinés dans leur égarement son représentant au milieu d'eux ? Cette pensée alarme la charité de saint Ephrem. Quelque coupable que soit Carrhes, il ne désespère pas de son salut. Des âmes qui lui sont si chères, condamnées à cet endurcissement, qui est l'image de la mort ! Quel sujet d'affliction pour Éphrem, pour Édesse, dont Carrhes est l'enfant ! Aussi, combien le poète met de sincérité et de naturel dans la prière où il demande au Seigneur de pardonner à la ville coupable !

« Je vous en supplie, ô Seigneur ! n'exercez pas aujourd'hui une vengeance pareille ! Si l'arbre sauvage reçoit la branche au suc savoureux que l'on greffe sur le tronc ; si deux natures si différentes s'harmonisent cependant, combien est-il plus facile aux hommes, maîtres d'eux-mêmes, et que la nature n'asservit point à ses lois, de revenir en arrière, de ne former qu'un corps, à l'homme tombé de prier, à celui qui est debout de le soutenir (1) ? »

Sans doute, l'Église d'Édesse peut être fière de la tranquillité, de l'union qui règne entre tous ses

---

(1) Carm. Nisib. xxxi, 22.

membres; mais cette joie doit faire place à la douleur, si cette chrétienté modèle jette les yeux sur la fille à qui elle a donné le jour :

« Oh ! si je ne m'attristais pas, dit Édesse par la bouche du poëte, qui ne me reprocherait à moi, mère sans compassion, d'être en vain comptée parmi les anges ! Combien ne sont-ils pas unis et mon sein maternel et les enfants qui en sont sortis, eux que ma nature a engendrés, que ma vérité a produits dans le temps ! (1) »

Éphrem se retourne ensuite contre les prêtres de Carrhes, séduits par les erreurs d'Arius. Il se montre sévère pour ces hommes oublieux de leurs devoirs au point d'abandonner à l'hérésie le troupeau qui leur avait été confié :

« A peine avait-il paru, le nouveau pasteur, qu'aussitôt la pluie et les frimas sont venus à sa rencontre et ont troublé ceux qui veillent, après lui, sur les brebis; ceux-ci chérissaient les loups; ils croyaient que le pasteur, lui aussi, était un loup ! Leur œil, leur regard, leur intelligence s'est perdue dans les ténèbres. Seigneur ! que Votre lumière les éclaire de nouveau ! Qu'ils reviennent à leur pasteur ! Qu'ils paissent ses agneaux ! (2) »

Aux reproches succèdent les encouragements. Éphrem

---

(1) Carm. Nisib. xxi, 25.
(2) Ibid. 30, 31.

offre à l'évêque attristé les consolations les plus capables de calmer sa douleur : celles que lui suggère la foi dans la puissance accordée par Jésus-Christ à ses ministres de renouveler les cœurs, de transformer les intelligences :

« Qui donnera à ce pasteur de convertir les loups en brebis ? Qui donnera à ce laboureur de changer l'ivraie en froment ? C'est aux prêtres qu'elle a été donnée la puissance de transformer les loups aussi bien que l'ivraie, et, par leurs soins infatigables, les loups deviennent brebis, la ronce se change en moissons.

« O Dieu ! secourez le laboureur ; qu'il multiplie sur cette terre altérée les sources, les myrtes, les cyprès, les buis intelligents et les cèdres chrétiens ! (1) »

Enfin, le poète entre lui-même en scène ; il se sert d'une image gracieuse pour rappeler à ses auditeurs le caractère de sa mission :

« Que les branches de ces arbres puissent être un lieu de repos pour les oiseaux fatigués par la longueur du chemin, qui viennent chanter vos louanges, comme autrefois David dans ses hymnes et ses cantiques, et qu'ils prient pour moi, chétif, qui n'ai cessé de fatiguer mes bras et d'ouvrir mes lèvres

---

(1) Carm. Nisib. xxxi, 35.

dans les veilles et les hymnes, et les saints avec leurs cithares, et les chastes avec leurs luths ! (1) »

Les autres poèmes que saint Éphrem composa à Carrhes sont conçus à peu près sur le même plan ; c'est le même développement d'idées présentées chaque fois sous une forme nouvelle, ce qui permet à l'improvisateur d'échapper à la monotonie. L'Ancien Testament n'est pas la source unique où le diacre d'Édesse va chercher des inspirations. Sa piété sait tirer des circonstances qui se rapportent à la vie de Notre-Seigneur d'éloquents enseignements. Quelle délicatesse, par exemple, quelle douce onction dans les paroles d'Éphrem comparant Vitus au Sauveur couronné d'épines :

« Le divin Laboureur est descendu sur terre pour transformer les hommes et, de ronces, les changer en froment ; mais ces épines se sont tressées en couronne sur le front du Laboureur !

« Et la parabole qu'elles représentaient n'a pas laissé de s'accomplir, car voilà que les épines ont été changées en lis et en roses, diadème du Laboureur autrefois couronné d'épines.

« Et à Votre laboureur, Votre athlète, qui s'est efforcé, dans Carrhes, de changer la ronce en froment, que par Votre grâce, ô Seigneur, les épines deviennent une couronne de myrte, de sapin et de fleurs !

---

(1) Carm. Nisib. xxxi, 36, 37.

Votre pasteur, ô mon Dieu! Vous est semblable en toutes choses : son ignominie a ressemblé à Votre humiliation ; que sa gloire réponde à Votre triomphe ! Que sa chaire soit glorifiée! (1) »

De pareilles exhortations sont déjà bien propres à rendre à Vitus la vigueur apostolique qui convient à un Évêque. Éphrem achève son œuvre en indiquant un moyen facile de ramener la population de Carrhes à des sentiments plus chrétiens. Il voudrait que des rapports fréquents s'établissent entre Édesse et la chrétienté fondée par elle. Barsès, évêque d'Édesse, avait occupé le siége de Carrhes avant Vitus et le souvenir de ses vertus ne s'était pas éteint dans son premier diocèse. Éphrem conseille à Vitus d'appeler Barsès auprès de lui. La vue de leur ancien pasteur exercera sur les prêtres une salutaire influence. Vitus reconnaîtra le service que lui aura rendu Barsès en le visitant lui-même ; il ira, pendant quelques jours, se reposer dans sa ville natale, retremper sa force auprès d'un ami et reviendra joyeux vers Carrhes, sa fiancée. L'exemple donné par les évêques ne sera pas sans fruit ; les chrétiens des deux villes imiteront leurs pasteurs ; il se fera, entre Édesse et Carrhes, comme un échange bienfaisant de saintes amitiés :

« Que la voie de la réconciliation, dit Éphrem, que le sentier des joies se prolonge de Carrhes à Édesse

---

(1) Carm. Nisib. xxxiii, 3, 4, 5.

et que les chrétiens, unis entre eux, se visitent mutuellement dans leurs églises!

« Que le vieillard sorte d'Édesse et visite Carrhes, la fille qu'il a élevée! Que l'enfant d'Édesse visite sa mère et, de nouveau, revienne à Carrhes auprès de sa fiancée! (1) »

Le poète insiste sur les rapports à établir entre Carrhes et Édesse, parce que cette dernière offre à la ville païenne le modèle accompli de la ville chrétienne. Trois contrées sont encore soumises à l'idolâtrie : l'Égypte, la Chaldée, et la province de Carrhes. La première est voisine de Sodome; la seconde est proche des ruines de Babel; Carrhes, plus heureuse que les précédentes, possède dans ses environs un véritable trésor, l'Église d'Édesse, resplendissante de beauté :

« Voici que vos eaux sont amères et vos enfants cruels, ô Carrhes! puissiez-vous être adoucie par la Croix!

« Babylone est proche de la tour abandonnée par ceux qui la construisaient; l'Égypte est voisine de Sodome; quant à vous, ô Carrhes, voici que mon trésor est près de vous, Édesse illustre et toute belle. O fille, ressemblez à votre mère! (2) »

Ainsi se traduisait l'admiration d'Éphrem pour l'Église qui conservait religieusement l'unité de sa foi. Le

---

(1) Carm. Nisib. xxxiii, 8.
(2) Ibid. 3.

pieux diacre ne songe pas à maîtriser le sentiment de fierté qui s'empare de lui lorsque l'image d'Édesse chrétienne se présente à sa pensée ; il fait plus qu'admirer cette Église, il la vénère, il l'aime d'une tendresse ineffable. Ses hymnes en faveur de Vitus étaient une première et solennelle affirmation de cet amour. Éphrem suppliant les habitants de Carrhes d'abandonner enfin leurs erreurs, personnifie Édesse qui, de loin, a vu le péril de ses enfants et, s'attendrissant sur leur sort, se hâte de les secourir. Le poète n'exhorte et ne console qu'au nom d'Édesse ; il ne fait qu'un avec son Église ; les alarmes de celle-ci sont les siennes ; leurs joies et leurs douleurs se confondent ; ou, plutôt, le poète s'efface, l'Église prend seule la parole et le lévite n'est que son interprète.

L'insuccès de Vitus avait attristé la piété d'Éphrem ; ce n'était là que le prélude de nouvelles douleurs. L'Église, glorifiée à haute voix devant les idolâtres de Carrhes, connut à son tour tous les maux qu'entraîne le schisme. Pendant six ans, Barsès, évêque d'Édesse, vit une partie de son peuple soulevée contre lui. Forts de la protection de Valens, les Ariens renouvelèrent la tentative qui leur avait réussi sous Constance ; ils recommencèrent à répandre leurs doctrines, à calomnier Barsès, à porter contre lui des imputations odieuses auxquelles sa vieillesse enlevait toute vraisemblance (1). Dieu permettait qu'aucune chrétienté

---

(1) « Me ipsum calumniantur in hoc sene, cum Dominus permiserit, quod præter consuetudinem vox calumniæ citò applicetur senectuti. » Carm. Nisib. XIX, 7.

de Syrie n'évitât ces déchirements intérieurs. A peine quelques jours de repos avaient-ils été donnés à l'Église depuis la fin des persécutions : la lutte entre l'erreur et la vérité reprenait déjà sur tous les points de l'empire. Nous avons rencontré les Ariens à Nisibe ; nous les avons vus à Carrhes ; nous les retrouvons à Édesse. Ce sont partout les mêmes luttes, les mêmes adversaires, la même tactique dans l'attaque et la défense; il n'est pas jusqu'aux épisodes qui ne se ressemblent. Barsès, comme Vitus et Vologèse, est en butte aux accusations des factieux : ses vertus, son humilité, sa douceur, sa mortification deviennent un objet de risée (2). Les Ariens flattaient habilement la multitude : ils recherchaient la pompe extérieure des vêtements et des cérémonies ; ils affectaient un langage fier et hautain ; solennels dans leurs gestes et leurs démarches, ils frappaient l'imagination par des dehors éclatants. Aussi parvenaient-ils à séduire à leur cause tous ceux auxquels répugnait la rigide simplicité du pasteur légitime. Barsès conserva cependant la majeure partie de son troupeau. Saint Éphrem était à la tête de ces chrétiens dévoués à la foi de Nicée. Profondément affligé de ces tristes événements, le diacre d'Édesse s'efforça d'y mettre un terme : il dépensa tout son cœur dans l'appel qu'il

---

(2) « Hic est pauper : illi divites, hic pacificus et illi litigiosi, hic mitis et illi fortes, hic humilis, et illi oppressores. » Carm. Nisib. XXIX, 9.

fit à ses frères. Lorsqu'Éphrem, dans Nisibe assiégée, offrait à Dieu les prières et les larmes de ses concitoyens, une douleur véritable animait son langage : son émotion était réelle et profonde. On n'exprime point avec cette éloquence de pareils sentiments, si on ne les partage soi-même.

Cependant, il y a plus de désolation encore dans les hymnes d'Éphrem sur le schisme d'Édesse. A Nisibe, Éphrem tremblait pour sa patrie ; dans Édesse, il pleure sur son Église. Nisibe assiégée n'était pas encore soumise ; les Perses n'y avaient point pénétré, tandis qu'Édesse est envahie et profanée par l'hérésie. Nisibe, en se rappelant son passé, en priant auprès du tombeau de saint Jacques, renaissait à l'espérance. La malheureuse Édesse, au contraire, ne jette les yeux sur son histoire que pour constater la grandeur de sa chute. Cela suffirait déjà pour nous expliquer combien sont naturelles les larmes d'Éphrem.

Mais il ne faut pas oublier non plus que le saint docteur touchait alors à la fin de sa course ; il avait épuisé ses forces au service de la vérité. Après tant de travaux, peut-être avait-il espéré mourir au sein d'une Église où la vraie religion serait en honneur, où les croyances révélées par l'Homme-Dieu ne seraient point altérées par les doctrines des novateurs. Édesse, dont la foi ne s'était pas encore démentie, dont la sainteté inspirait de l'admiration aux païens eux-mêmes (1), lui semblait cette terre prédestinée où se terminerait son exil. Pendant de longues années, il l'avait arrosée de ses sueurs : hymnes, commentaires, discours, il avait prodigué toutes les œuvres de son génie pour affermir les chrétiens, dans le respect et l'amour de l'Église ; et voilà qu'au moment de recueillir le fruit de ces peines, un fléau qu'il ne connaissait que trop lui ravissait ses espérances.

Atteint au plus vif de son âme, frappé dans ce qu'il avait de plus cher, Éphrem ne se répandit pas en reproches contre les auteurs du mal. L'Église ne prend point, dans ses hymnes, l'accent de la colère et de l'indignation ; elle ne gourmande pas ses fils rebelles ; elle ne les menace pas de la juste vengeance de Dieu : elle ne leur parle que de ses douleurs, des humiliations qu'ils infligent à leur mère ; elle pleure sur elle-même et sur eux, et s'en remet au Ciel, à Jésus-Christ, son époux, du soin de la consoler par la conversion de ceux qu'elle a perdus (2). On peut dire de ces poésies qu'elles ne sont qu'un long gémissement, un soupir continuel qui monte vers le ciel, un cri de détresse, une supplication prolongée.

---

(1) « Ipsi etiam pagani honorabant me. » Carm. Nisib xxix, 14.

(2) L'hymne abécédaire de saint Augustin, à l'occasion du schisme des Donatistes, est plein des mêmes sentiments de douceur et de charité. Composé dans des circonstances analogues, il exprime les mêmes pensées, le même amour, la même tendresse pour les chrétiens égarés. V. Édelestan du Méril. Recueil des poésies populaires avant le xiie siècle,

Tantôt Édesse se compare à la femme de l'Évangile. Celle-ci, soumise pendant douze ans aux soins humiliants des médecins, n'en avait reçu, malgré sa honte, aucun soulagement; elle ne fait qu'effleurer le vêtement du Sauveur et ce chaste attouchement lui rend aussitôt la santé. Dieu souffrira-t-il que l'église d'Édesse, sa fiancée, subisse un outrage plus amer que l'humiliation infligée par les hommes à la malade qu'ils n'avaient pu guérir ? Permettra-t-il qu'Édesse, dépouillée de ses vêtements de gloire, soit couverte d'opprobre devant l'étranger ? (1)

Ce développement, si hardi à la fois et cependant si délicat, est à lui seul une peinture de mœurs. On rencontre moins souvent, dans les autres Pères de l'Église, ces images dont les traits, d'une réalité énergique, sont transformés en quelque sorte par la pureté de la pensée qu'ils représentent. Éphrem n'atteint pas à la vigueur de tons et de couleurs des poètes bibliques ; mais son pinceau n'est ni timide ni indécis. Loin de chercher à atténuer, à affaiblir, le poète veut que ses images parlent aux yeux de ces hommes sensuels; voilà pourquoi il prend des modèles dans la nature vivante à côté de lui, je dirai presque dans la réalité matérielle au milieu de laquelle s'écoule la vie de ses auditeurs. Il explique, dans un autre hymne, quelle est cette nudité déshonorante à laquelle Édesse a été réduite:

---

(1) Carm. Nisib. xxvii, 1, 5.

« Ils sont morts, mes enfants courageux; ils sont partis; ils m'ont abandonnée à la dérision; par eux, autrefois, j'avais couvert les païens de confusion, et maintenant tout le monde me montre du doigt.

» La mort a emmené mes enfants; ceux qui étaient excellents, parfaits, illustres, qui m'avaient couronnée du diadème, ceux qui m'avaient rendue digne d'être enviée. Et maintenant, moi, si glorieuse jadis, je suis un objet de moqueries !

» Chacun de ces enfants, accomplissant des actions héroïques, m'avait illustrée par ses triomphes; les païens eux-mêmes et les étrangers m'honoraient à cause d'eux. Et maintenant, Seigneur, mes enfants eux-mêmes me méprisent.

» Où sont-ils les chastes que je possédais autrefois, et les saints multipliant leurs jeûnes, et les ouvriers assidus dans le bien, et les médecins infatigables à guérir les maux ? (2) »

Une allégorie qui revient fréquemment dans les poèmes d'Éphrem, lui sert à faire comprendre au peuple toute la différence qui sépare le passé d'Édesse de la situation actuelle de cette église. Le poète assimile son église à un champ, et ce champ prend lui-même la parole :

« Mes laboureurs ont recueilli autrefois en mon

---

(2) Carm. Nisib. xxix, 11, 15.

sein des fruits suaves et parfaits ; leur saveur était celle de la vérité, leur douceur celle de la charité.

» Mais, maintenant, mes fruits ont perdu leur saveur ; car l'hiver s'est appesanti sur moi ; l'hiver perfide et odieux, couvert de neiges et de frimas, a flétri la fleur, et la plante a été frappée de maladie dans son germe lui-même : elle a langui dès sa naissance.

» Préférables étaient les feuilles de la première saison ; elles l'emportaient en beauté sur les fruits d'aujourd'hui ; plus agréables que la moisson de ce jour les bourgeons naissants d'autrefois (1). »

Il ne faudrait pas voir dans ces détails une vaine amplification de rhéteur : sous chacun de ces traits se cache une allusion à la situation de l'Église. Ce tableau n'est pas seulement vrai dans son ensemble, dans sa généralité ; il l'est dans chacune de ses lignes. Éphrem ne doit pas être rangé parmi ces grands artistes, dont les esquisses vigoureuses, tracées d'une main aussi ferme que rapide, constituent à elles seules un tableau : il appuie sur chaque trait, touche et retouche encore jusqu'à ce qu'il ait donné à sa pensée un relief suffisant, qu'il en ait nettement dessiné tous les contours et précisé les moindres nuances. Ses allégories ne ressemblent pas à ces étoffes légères et flottantes, qui laissent deviner plutôt qu'apercevoir la

---

(1) Carm. Nisib. xxix, 17.

physionomie qu'elles voilent, et lui conservent, malgré leur transparence, quelque chose de vague et de nuageux. On dirait plutôt ces vêtements commodes et souples qui s'adaptent naturellement au corps, en suivant toutes les lignes, en accusant toutes les saillies. Il est vrai que l'attention doit faire un certain effort pour saisir, avec l'ensemble lui-même, les détails de cet ensemble. Mais l'habitude vient à son secours, et, pour les auditeurs d'Éphrem, c'était chose facile que de suivre le poète dans son minutieux travail. A chaque nouveau coup de pinceau, la pensée d'Éphrem s'accentue davantage ; elle se dégage de plus en plus de ses ombres ; elle se complète, s'anime et apparaît enfin, vivement éclairée dans toutes ses parties. Veut-il indiquer, par exemple, aux chrétiens d'Édesse combien leur ardeur pour les discussions théologiques est stérile et infructueuse, Éphrem leur dira d'abord dans une première strophe :

« Mes pressoirs sont remplis ; ils abondent d'un vin qui ne fermente point et paraît déjà vieux, car son feu est tiède et languissant ; c'est un vin qui n'est pas nouveau et qui, cependant, n'a pas vieilli ! »

La pensée d'Éphrem, quoique encore vague, se dessine déjà : le vin remplissant les pressoirs représente le peuple d'Édesse, et la foi de ce peuple n'a plus les qualités qui la rendraient agréable à Dieu et utile à l'Église.

Le poète insiste dans une seconde strophe :

« En effet, le vin encore nouveau fermente ; il se calme quand il vieillit ; mais celui de ce siècle n'est ni fort, ni doux ; son feu ne brûle plus, et, cependant, son goût n'est pas celui d'un vin reposé. »

L'allusion d'Éphrem est claire maintenant : le feu qui manque aux chrétiens d'Édesse c'est la charité, le zèle qui embrase les saints. Il ne reste plus qu'à expliquer comment ce vin symbolique n'a pas la douceur de celui sur lequel le temps a passé. Éphrem le fait dans une troisième strophe :

« Et tandis que, d'ordinaire, dans le vin, c'est la douceur qui fermente, la fureur a fermenté, au contraire, dans celui-ci ; il a été troublé par la colère. Vous pouvez voir maintenant quelle sera sa fin (1). »

Éphrem ne procède pas toujours avec cette lenteur didactique : son hymne est, avant tout, une prière ; cette prière a le plus souvent un mouvement lyrique et passionné. Ainsi, immédiatement après la comparaison que nous venons de citer, le poète fait entendre cette magnifique supplication :

« Seigneur ! n'ai-je pas raison de me plaindre de ce que l'hiver se prolonge si longtemps et de ce que l'aquilon souffle avec tant de violence, que le vent du Midi en est lui-même refroidi, que la sérénité de mon ciel en est couverte de nuages !

» Ah ! de même qu'autrefois, éveillé sur la mer par

---

(1) Carm. Nisib. xxix, 22, 23, 24.

Vos disciples, Vous vous êtes levé, et de Votre voix avez calmé la tempête, écoutez, Seigneur, cette voix de nos larmes qui tout le jour Vous éveille.

» Il a été écrit du vent du midi, Seigneur, qui était Votre image, qu'il est venu, et de son souffle a fondu la glace des Egyptiens, et aussitôt Votre peuple est sorti, comme les bourgeons de l'arbre au printemps. Donnez-nous de suite cette saison bénie, qui doit réjouir nos cœurs.

» Que par elle mes fruits mûrissent ; que par elle s'engraissent mes semences ; que par elle s'embellissent mes jours ; que par elle disparaissent mes souffrances ; que par elle s'évanouissent mes tristesses ; que par elle résonnent mes chants de fête ! (1) »

Le poète qui prononçait ces belles paroles est bien celui qui consolait Nisibe. Aux pieds de l'Éternel, auprès de Celui qui peut tout, Éphrem va chercher un refuge ; de ces hauteurs divines, son regard, éclairé par la foi, distingue, au-delà des nuages et des tempêtes, les pacifiques régions où brille le soleil de la vérité; le poète aime à s'y reposer, à y fuir un instant les tribulations de l'heure présente, à s'y livrer à l'espérance. Autrefois sa prière avait été chercher au Ciel le Fort qui était devenu le rempart de Nisibe : du sein d'Édesse affligée, elle remonte encore vers le Ciel pour supplier le divin Laboureur qui sème dans les âmes et

---

(1) Carm. Nisib. xxix, 25, 26, 27, 28.

y produit des fruits de sainteté, de paix et d'intelligence. En effet, si le vent de l'erreur a desséché la foi dans Édesse, il appartient à Dieu de la faire revivre, car c'est Lui qui a jeté dans les cœurs la semence de la vérité. Les Apôtres ont continué l'œuvre ; le germe que leurs travaux ont déposé dans les âmes chrétiennes ne doit pas périr. Éphrem le sait : il affirme hautement, à la face des Ariens et de leur protecteur couronné, l'éternelle vitalité de la doctrine catholique ; il leur prédit l'inutilité de leurs efforts, et nous retrouvons sur ses lèvres le langage que les martyrs faisaient entendre aux persécuteurs, celui que les confesseurs de la foi ont opposé aux violences de leurs ennemis pendant toute la suite des siècles, depuis le jour où les Apôtres étaient flagellés par la Synagogue jusqu'à ces temps eux-mêmes où nous vivons.

Aujourd'hui encore que l'Église catholique est assaillie de tant de côtés à la fois, que tant d'adversaires puissants se dressent contre elle, quel est celui de ses défenseurs qui n'aimerait à répéter avec Éphrem ?

« Les Apôtres avaient semé..... et les épis ont germé d'eux-mêmes ; ils se sont répandus ; ils ont porté leurs fruits ; ils ont abondé et rempli la terre du grain de la doctrine.

» De même que cette semence s'est répandue qu'elle est venue jusqu'à nous, de même elle se répandra dans la suite des temps, et cela jusqu'à Votre venue, ô mon Dieu, car *le glaive des rois* est impuissant à la détruire ! (1) »

Éphrem a prévu le triomphe de la religion ; il voudrait le hâter. Il termine son hymne par une autre prière digne, comme tant d'autres, de son affectueuse piété :

« Que mon âme soit Votre terre, ô Christ ! Labourez-la au nom du Père, et une seconde fois au nom de Votre naissance, et une troisième fois au nom de l'Esprit-Saint, et que la gerbe de consolation monte vers Celui qui Vous a envoyé,

» Quand Vous m'aurez rendu mes enfants, quand Vous aurez de nouveau réuni mes bien-aimés autour de moi !.....

» Qu'ils reconnaissent la voix de leur mère selon la grâce ! Qu'ils courent vers moi, qu'ils retournent, qu'ils reviennent à moi, afin qu'eux et moi, ô Seigneur ! unis dans la vérité, nous chantions Vos louanges ! (2) »

N'est-il pas naturel à une mère d'espérer toujours dans ses enfants, quelles que soient les tristesses qu'ils lui imposent ? Ainsi fait l'Église. Elle a enfanté les âmes à la vérité ; quand elles s'en éloignent, elle les plaint plutôt qu'elle ne les condamne ; toujours au fond de son cœur survit une sainte espérance : ceux qu'elle

---

(1) Carm. Nisib. xxix, 36, 37.
(2) Ibid. 39, 40.

a perdus peuvent revenir un jour la réjouir par leur repentir. Ce sentiment, interprété si délicatement dans les quelques lignes que nous venons de citer, remplit les hymnes d'Éphrem. Seul, un saint comme lui pouvait exprimer, avec autant de noblesse et de simplicité, cette maternelle affection de l'Église, cette tristesse exempte de rigueur pour les malheureux qui, en l'abandonnant, lui font le plus sensible des outrages ! Ce que regrette surtout le diacre d'Édesse, ce qu'il déplore, c'est qu'au milieu de toutes les querelles excitées par le schisme, trop de chrétiens trompés sont morts à la vie de la grâce. Ils vivent et ils ne sont plus !

« Depuis six ans, dit l'Église d'Édesse, mes enfants m'ont abandonnée et ne sont plus avec moi. Dans cette ville, les mères ont enseveli ; déjà elles ont oublié le deuil de leurs enfants ; mais moi je n'oublie pas mes enfants, car ceux qui sont morts pour moi, ne sont pas ensevelis.

» Ah ! qu'ils ne me méprisent pas, Seigneur, Vos serviteurs pleins de zèle, qu'ils ne me blâment pas de ce que je pleure ceux qui, bien que vivants, sont cependant morts pour moi !

« Plût à Dieu qu'ils m'eussent abandonnée, non pendant leur vie, mais saisis par la mort ! Plût à Dieu qu'il m'eût été donné d'imposer mes mains sur leurs yeux éteints, de les accompagner une dernière fois de mes psaumes, et de les confier à Celui qui vivifie tout pour qu'au jour de la résurrection Il les rendit à ma vue ! (1) »

Nous venons d'entendre le chrétien, l'apôtre, celui qui voit dans l'homme, non une créature périssable destinée un jour au néant, mais une âme faite pour la vérité, une âme rachetée par un Dieu et dont le Ciel est la fin. Écoutons maintenant le poète oriental nous donnant raison de sa douleur et la justifiant par les images familières que lui présente la nature ;

« Seigneur, ressuscitez leur vie par la pénitence et multipliez sur eux, au moment de leur mort, le chant des psaumes !..... Pour ceux qui vivent, réjouissons-nous ! Prions pour ceux qui ne sont plus !

« Le cri de la génisse et de la brebis nous apprend à gémir sur eux. Celles-ci se plaignent si leurs petits se perdent et disparaissent. Et nous aussi, semblables à elles, nous mourons de tristesse, car nous avons perdu nos enfants.

» Et quand leurs petits sont retrouvés, quand ils leur sont rendus, et la génisse et la brebis se réjouissent. De la même façon, puissions-nous Vous retrouver, ô mon Dieu, et revenir vers Vous ! (2) »

Les hymnes d'Éphrem apportèrent quelque soulagement à l'Église d'Édesse. L'arianisme ne disparut pas complétement, mais ses progrès s'arrêtèrent. Quelques

---

(1) Carm. Nisib. xxviii, 7, 8.
(2) Carm. Nisib. xxviii, 12, 13.

années plus tard, lorsque Valens, abusant de sa puissance, voulut contraindre les chrétiens à embrasser ses erreurs, il rencontra dans Édesse la résistance contre laquelle Julien s'était heurté avant lui. Barsès, banni par ses ordres, emporta dans son exil les acclamations et les regrets de son peuple plus dévoué à sa mauvaise fortune qu'il ne l'avait été à son bonheur. En vain, les édifices sacrés furent livrés de vive force aux hérétiques : les Ariens célébrèrent leurs cérémonies dans la solitude, tandis que la foule des chrétiens, bravant les satellites de l'empereur, se réunissait en pleine campagne pour assister aux prières et aux sacrifices des prêtres fidèles (1).

L'esprit d'Éphrem animait encore cette généreuse population : elle se rappelait les grands enseignements de son poète. A Nisibe, à Carrhes, à Édesse, Éphrem ne voulait qu'une chose, il n'avait travaillé que dans un seul espoir, et ses hymnes n'aspiraient qu'à un seul résultat : entretenir l'union entre tous les membres de

---

(1) *Socr.* 1, 4, c. 18. — *Théodoret,* 1, 4, c. 17. On a cru généralement que cette persécution avait eu lieu en 372. C'était l'époque où saint Éphrem composait ses hymnes. Comment supposer qu'il ait passé sous silence l'exil de Barsès ? Il faudrait donc reculer celui-ci jusqu'en l'année 378. Remarquons, cependant, que l'auteur anonyme des Actes mentionne la noble conduite des habitants d'Édesse et leur résistance au tyran. Il cite même quelques fragments d'une hymne, dans laquelle Éphrem aurait félicité ses frères de leur courage et de leur attachement à la foi. Seulement, il substitue Julien à Valens, ce qui prouve suffisamment l'inexactitude de son récit.

la même Église, assurer le respect dû à l'autorité, éteindre les dissidences, calmer les agitations des partis, propager enfin et développer, dans la mesure de ses forces, le règne de la charité, de cette charité qui, selon la belle parole de l'Apôtre, obéit sans murmurer, se réjouit sans orgueil, s'afflige sans amertume, souffre, croit, espère et supporte tout (1). C'est dans l'intérêt de cette grande cause de l'Église que le saint lévite employait son talent ; c'est pour la défendre qu'il élevait la voix devant les fidèles et le clergé rassemblés. Qu'il exalte saint Jacques ou défende Vologèse, qu'il encourage Abraham, console Vitus ou justifie Barsès, le poète improvisateur reste toujours fidèle à sa mission. Son hymne, se mêlant aux cantiques sacrés, n'éveille dans les âmes que de salutaires pensées, et quand elle résonne dans le sanctuaire, ce n'est que pour affirmer la foi, exciter le repentir, prévenir l'erreur, en un mot, pour enlacer dans les liens d'une sublime affection l'Église d'ici-bas et les âmes que Dieu lui a confiées.

Il est encore maintenant plus d'une chrétienté obscure où la poésie remplit le rôle qu'elle exerçait en Syrie du temps d'Éphrem. En Abyssinie, dans cette partie du territoire africain qu'illustraient, il y a quelques années, les armes anglaises, subsiste une Église qui a conservé fidèlement, malgré la dégradation où le

---

(1) S. Paul. Corinth. i, 13.

schisme l'a réduite, quelques institutions de son fondateur, Athanase, l'illustre évêque d'Alexandrie (1). Les chrétiens de cette région, comme ceux de la Mésopotamie, comme le fit Éphrem pendant sa jeunesse, consacrent une partie de leur vie à l'étude des Livres Saints. Nul n'est admis au grade de Maître dans cette science révérée s'il ne possède entièrement le texte de la Bible et les variantes de quatre ou cinq manuscrits; il faut surtout connaître l'explication subtile, parfois savante, toujours traditionnelle, qui sert de commentaire aux paroles sacrées.

Les plus habiles d'entre les maîtres peuvent seuls aspirer aux fonctions de *Dabtara* ou maître de chœur. Celui-ci, sur un rhythme invariable et en quelque sorte sacramentel, compose, pour chaque fête, une hymne nouvelle. Dans ses poésies, savamment parsemées de doubles sens, il va jusqu'à critiquer l'évêque, jusqu'à donner des leçons au chef des moines et même des avertissements politiques au Souverain. En rappelant les actions de tel ou tel personnage de l'Ancien Testament, le *Dabtara* fait allusion aux circonstances du moment : il exhorte ou réprimande suivant que les événements répondent à ses désirs ou les contrarient.

Changeons la scène : transportons-nous, non pas à l'ombre des palmiers de l'Afrique, mais au pied

---

(1) M. Abadie, de l'Institut. Correspondant. N. série, LXVIII, art. Abyssinie.

des oliviers de la Syrie ; substituons au misérable village des Abyssins une de ces grandes et populeuses cités que possédait l'empire d'Orient au IVᵉ siècle. Représentons-nous la religion chrétienne, non dans cet état d'abaissement et de stérilité où elle languit aujourd'hui, au sein de ces peuples à demi-sauvages, séparés par leurs montagnes et leur climat, du monde civilisé, mais dans cette situation glorieuse qui lui était faite au lendemain des persécutions, alors que les empereurs s'inclinaient devant elle et qu'aux yeux des peuples elle représentait la patrie ; donnons à Éphrem le rôle de *Dabtara* : voilà que cette institution de poète improvisateur, dont l'Abyssinie nous conserve, quoique mutilés et incomplets, les traits principaux, retrouve son véritable caractère. Semblable au chef des chantres africains, Éphrem prend la parole, il commente l'Écriture, il avertit le clergé, il éclaire l'évêque, il s'adresse aux magistrats, aux princes eux-mêmes. Auxiliaire de la vérité, sa poésie ne se perd point, comme il arrive trop fréquemment à celle du *Dabtara*, dans les subtilités ou les mesquines préoccupations de l'amour-propre : elle ne se plaît que sur les sommets divins de la religion et de la foi ; c'est de là qu'elle projetait autrefois ses clartés, clartés que les oppressions du despotisme n'ont pu complétement éteindre et qui répandent je ne sais quelle lueur d'espérance lointaine sur les nations tant aimées par Éphrem et maintenant assises à l'ombre de la mort.

CHAPITRE III.

SAINT ÉPHREM ET LES HÉRÉTIQUES.

Opp. s. Ephræm. — Sermones Polemici LVI. — Contra scrutatores XC. Assemani II, 437; III, 1. — Carm. Nisib. pass.

Nous ne connaissons encore de saint Éphrem que le citoyen et le lévite. Nous allons étudier ce grand homme sous un autre aspect et considérer en lui le docteur de la foi, l'adversaire de l'hérésie.

Rester sur la défensive, quelque glorieuse qu'elle fût, ne suffisait pas à Éphrem. Son zèle le portait à attaquer à son tour, à poursuivre l'ennemi sur son propre terrain, à le battre avec ses propres armes. Dans le panégyrique de saint Basile, attribué à Éphrem (1), l'archevêque de Césarée est comparé à un bélier dont les cornes ébranlent l'erreur, tandis que sa molle toison réchauffe les indigents. Si cette image sied bien

---

(1) M. Bickell soulève, avec raison, quelques doutes sur l'authenticité de ce discours.

au génie du saint diacre, elle convient également à sa personne. Charitable, Éphrem le fut pendant sa longue carrière et jusque sur les bords de la tombe; champion de la foi, il battit en brèche, sans trêve ni repos, les doctrines hérétiques. En transformant son hymne, instrument de paix et de prière, en une arme tranchante destinée, selon ses propres paroles, à faucher l'ivraie dans le champ du père de famille, Éphrem suivait l'exemple de ses adversaires. L'hérésie ne se montrait pas aux Orientaux sous une forme sèche, aride, hérissée de dialectique et de syllogismes; elle empruntait, pour gagner la foule, les dehors moins sérieux et plus séduisants de la poésie; elle répandait ses erreurs au moyen de chants populaires. Éphrem opposa aux ennemis de l'Église leur propre tactique: il composa une série de petits poèmes dont il adapta les paroles au rhythme choisi par les hérétiques. Ces hymnes peuvent se diviser en deux classes : la première contient les diverses réfutations des hérésies gnostiques et manichéennes alors influentes en Orient ; la seconde comprend les hymnes dirigées contre les Ariens. Nous nous transporterons successivement sur cette double arène illustrée par les victoires d'Éphrem. Même, à tant de siècles de distance, il n'est pas sans intérêt de rappeler les luttes qu'eut à subir la vérité, les épreuves qui lui furent imposées, et de constater une fois de plus que, si l'attaque fut habile, le talent et le génie se rangèrent du côté de la défense.

§ Ier. — MARCION. — MANÈS. — BARDESANE.

Il serait inutile de refaire, après tant d'excellents historiens, l'énumération des diverses sectes que l'Orient vit éclore presqu'en même temps que la doctrine chrétienne. Mélange confus de traditions bibliques et de mysticisme alexandrin, l'hérésie des Gnostiques s'était fait tout d'abord en Syrie de nombreux adeptes ; au IVe siècle, ses principes revivaient en grande partie dans les systèmes philosophiques imaginés par Marcion et Bardesane (1). Une autre erreur, celle du manichéisme, où se reconnaissait davantage la mythologie de la Perse (2), progressait rapidement. Marcion, Manès, Bardesane, ces trois noms reviennent fréquemment sur les lèvres d'Éphrem : aux coups répétés qu'il leur porte, il est aisé de juger combien le diacre d'Édesse redoutait l'influence de ces trois hérésiarques. Quoique

---

(1) V. Pluquet : Dictionnaire des Hérésies.

(2) « Invasit Manetem *Indicus* error ut induceret duo contraria numina atque inter se pugnantia. » Serm. adv. Hæres. 3. Par ce mot un peu vague : *Indicus*, Éphrem a voulu désigner l'Iran, et non l'Inde où dominaient le panthéisme et le polythéisme.

par des voies différentes, ils arrivaient tous les trois aux mêmes solutions : à la destruction du libre arbitre, à l'irresponsabilité de nos actes et, par conséquent, à l'immoralité. En faisant de la chair l'œuvre d'une cause mauvaise, ils détruisaient la vertu chrétienne, celle qui purifie le corps et élève l'âme, qui n'établit pas entre ces deux parties de notre être un antagonisme irréconciliable, mais les anoblit toutes les deux en leur faisant partager les mêmes souffrances et les mêmes triomphes. Éphrem voyait la grandeur du péril, il tremblait pour ses frères, il craignait que ces fatales erreurs n'étendissent plus loin leurs ravages : le poète s'animait alors, inspiré par le chrétien, et l'hymne du lévite s'élevait pour prémunir et confondre.

Il ne faut pas chercher dans ces hymnes des réfutations complètes, rigoureuses, méthodiques, comme on en rencontre dans les traités de saint Irénée ou de saint Épiphane. La dialectique de saint Éphrem laisse volontiers de côté les discussions savantes; elle n'aborde point les hautes régions de la métaphysique. Les poésies d'Éphrem étaient destinées aux classes populaires de la Syrie, à celles qui conservaient intactes leurs anciennes mœurs, leurs traditions patriarcales; qui préféraient les enseignements de l'Ecriture aux subtilités des rhéteurs. A ces intelligences vives et mobiles, faciles à égarer, disposées à suivre les rêveries de leur imagination, plutôt qu'à écouter le langage austère d'un raisonnement rigoureux, Éphrem offrait des arguments simples, lumineux, qu'elles saisissaient promptement et sans fatigue, et dont l'expression poétique n'était pas le moindre charme. D'ailleurs, les questions agitées par le poète et ses adversaires touchaient aux plus graves problèmes de notre être. Quelle puissance a fait sortir l'univers du néant ? Quelle communication peut-il y avoir entre Dieu, substance éternelle, infinie, et la nature contingente et bornée ? Comment expliquer la double nature de l'homme ? Quelle est l'origine de notre âme ? D'où proviennent nos mauvais instincts ? Qui a donné naissance aux bons ? Les lumières jetées par le christianisme sur ces redoutables obscurités n'avaient pas paru suffisantes à Marcion : il voulut expliquer le mystère de la Création et de la Rédemption, en opposant, l'un à l'autre, le Père et le Fils, le Créateur et le Rédempteur (1). La matière et le corps, disait-il, sont l'œuvre du Père : l'âme, emprisonnée dans la chair, est l'œuvre du Fils. Le Créateur est le tyran : le Fils est le Rédempteur (2). Jésus-Christ n'avait que les apparences de l'humanité. Il est le principe bienfaisant qui a doué nos âmes de leur activité. Ce principe a un nom mystérieux : Marcion ne l'appelle que le Dieu étranger ou *Pérégrin* (3). Le Créateur

---

(1) Adv. Hæres. pass.
(2) Epiph. Hæres. 42. Cf. Tertull. adv. Marc. i, 2.
(3) Adv. Hæres. 34, 35, 38.

a son Testament: l'Ancien. Le Rédempteur a aussi le sien : le Nouveau, en tout contraire au premier. La destinée de l'homme est de combattre l'œuvre du Créateur, par suite, d'annuler la chair, de la détruire. Aussi, Marcion condamnait-il le mariage comme un crime tendant à perpétuer les entraves qui enchaînent les âmes (1).

Manès admettait également deux principes éternels coexistants : l'un avait créé l'âme et la lumière ; l'autre avait donné naissance à la chair et à la nuit. Dieu et Satan ou le démon, se partageaient l'empire du monde. Le Christ était apparu pour aider l'âme, c'est-à-dire la lumière enfermée dans le corps, à combattre celui-ci, à le dompter par les souffrances, à le purifier jusqu'à ce qu'elle reconquît sa liberté et retournât vers le soleil, dont elle n'était que l'émanation (2).

Pour Bardesane, la chair était l'instrument même du supplice infligé par Dieu à Adam, à la suite de sa désobéissance. La présence du corps constituait pour nous une punition. Cette punition s'arrêtait à notre mort. L'âme, délivrée de ses liens, remontait au Paradis ; le corps, n'ayant plus de raison d'être, périssait pour jamais (3).

---

(1) Cf. Tertull. adv. Marc. I, 29.
(2) Adv. Hæres. pass.
(3) Ibid.

Éphrem accuse plus d'une fois Bardesane d'avoir adopté la théorie gnostique des Éons (1). Si cet hérésiarque n'enseigna pas cette erreur, elle fut embrassée par ses disciples. L'immoralité de leur système remplissait d'indignation l'âme du grand diacre. Il n'en parle jamais sans demander pardon au Seigneur, sans prier Dieu de purifier ses lèvres que viennent de souiller les impuretés des hérétiques (2).

Les hymnes d'Éphrem sont dirigées tantôt contre ces adversaires réunis, tantôt contre chacun d'eux en particulier. A l'exemple de saint Irénée et de Tertullien (3), le diacre d'Édesse arrête sur le seuil de l'Église tous ceux qui se présentent comme prophètes ou réformateurs inspirés :

« Qui êtes-vous, leur dit-il ? Qui vous a donné la mission d'instruire ? Qui vous a chargé de réformer les mœurs ou de changer les doctrines ? Vous imaginez un nouveau culte ; vous instituez un nouveau sacerdoce ; qui donc vous en a donné le droit ? De qui avez-vous reçu l'imposition des mains que vous transmettez à votre tour ? »

---

(1) Adv. Hæres. 53. — Cf. Hahn : Bardesanes Gnosticus Syrorum primus hymnologus.

(2) « Polluit aures meas puras, et fecit eas transitum sermonis blasphemiarum pleni. » Carm. Nisib. LI. 2. — « Tergat, oro, os meum, Jesus, qui dum refero illorum arcana, linguam contaminasse meam videor. » — Adv. Hæres. 33.

(3) Tertull. de præscriptionibus. XXXII.

« Encore une fois, disait Éphrem à ses frères, demandez à chacun d'eux d'où leur vient l'imposition des mains! S'ils l'ont reçue de notre Église et qu'ils l'aient ensuite rejetée, cet aveu suffit pour connaître la vérité! (1) S'ils se sont arrogé eux-mêmes les fonctions du sacerdoce, cette parole suffit encore pour les convaincre et les couvrir de honte, car si chacun peut devenir prêtre en s'imposant à lui-même les mains, quelle source de confusion inextricable! (2) »

La véritable Église est une comme la vérité, intègre dans ses membres, éternelle dans sa durée ; son nom ne lui vient pas des hommes, car ce n'est pas d'eux qu'elle tire son origine ; elle porte le nom du Christ, son divin Maître. On la reconnaît à ce signe, comme on reconnaît la valeur de la monnaie à l'effigie dont elle est frappée. Il en est tout autrement des sectes hérétiques : elles ne présentent que contradictions dans leurs principes ; elles sont nées d'hier et se disputent vainement la primogéniture ; le nom qui leur a été donné est celui d'un homme, preuve manifeste de leur fausseté. Ce dernier argument est développé par saint Éphrem à plusieurs reprises et, chaque fois, avec abondance et chaleur. Le poète met en regard de la conduite des hérétiques donnant leur nom à leur troupeau, les exemples des Apôtres se refusant à un pareil crime :

---

(1) « Edant ergo origines ecclesiarum suarum et evolvant ordinem episcoporum suorum per successiones ab initio decurrentes. » *Tertull.* ibid.

(2) Adv. Hæres. 24.

« Les Apôtres ont voulu que la fiancée du Christ conservât le nom de son fiancé ; ils étaient les témoins de cette union divine, les hérauts de la vérité. Comme les Prophètes commençaient leurs discours par le nom du Seigneur, eux commencèrent leurs prédications par le nom de Jésus. Que dirai-je des hérétiques? Qu'ils ont dépouillé toute pudeur! Qu'ils ont perdu tout sentiment des convenances! N'ont-ils pas mis le nom de l'homme en tête de leurs écrits, et le lecteur, supprimant cette antique formule : « Ainsi parle le Seigneur, Dieu des armées, » ne commence-t-il pas sa lecture par ces mots : « Ainsi parle Marcion, c'est-à-dire l'insensé; ainsi parle Manès, ainsi Bardesane. » Est-il besoin d'autres preuves? La seule mention de ces hommes impurs ne dévoile-t-elle pas assez clairement la honte et l'infamie de pareilles assemblées? Quoi! Ils n'ont pas craint la sentence de l'Apôtre, qui défendait aux fidèles de s'exprimer ainsi : « Moi, je suis à Pierre. » Et si les brebis ont dû refuser le nom de Pierre, du prince des Apôtres, de celui qui avait reçu la puissance des clés, du pasteur du troupeau, quelle exécration ne mérite pas celui qui a donné à son troupeau son propre nom!

« C'est à vous que je m'adresse, continue le docteur de la foi; à vous, brebis et agneaux; à vous, troupeau devenu la proie des sectaires! Sortez, venez ici en pleine lumière! Rejetez les noms, les signes imaginés par les voleurs; recevez la marque auguste du nom du Christ ; soyez désormais appelés chrétiens et, en même temps que vous recevrez son nom et son sceau, passez dans le bercail du Christ.

» O bienheureuse Église du Christ, voici que toutes les nations vous proclameront intacte et immaculée ! C'est vous qui, dans les flots de votre doctrine, avez fait disparaître les souillures et les impuretés de Marcion, repoussé les opinions impies et criminelles de Manès, les mensonges honteux de Bardesane, rejeté le fumet trompeur des mets présentés par la synagogue ! Vous repoussez les livres de Marcion l'insensé ; vous ne feuilletez point les écrits de Manès ; il n'est pas chez vous le recueil des rites impies de Bardesane. Votre trésor ne contient que les deux testaments : celui du Roi, celui du Fils du Roi ! (1) »

L'unité de l'enseignement de l'Église dans la suite des temps, unité constatée par les Saintes Écritures, fournit encore à Éphrem un puissant argument contre les hérésies en général. Il compare l'enseignement de l'Église à une voie large et spacieuse qui conduit les hommes au salut. La vérité, c'est-à-dire Dieu Lui-même, a tracé cette voie. Il en a marqué les points d'arrêt et les lieux de repos. Sur ce chemin royal se déroule un long cortège qui s'avance à travers les siècles. Du ciel, son point de départ, il s'achemine vers Sion ; de Sion, il retourne au ciel. C'est le cor-

---

(1) Adv. Hæres. 56.

tége du Christ, du Fils du Roi. En tête, sont les Patriarches, Moïse, les Prophètes, le saint Précurseur, hérauts du Souverain ; ils le précèdent, annonçant sa venue ; semblables au clairon qui retentit en avant des princes, leurs oracles résonnent le long de la voie royale jusqu'à ce que le Christ apparaisse dans Sion. Derrière eux marche le Fils de Dieu ; Il est revêtu des insignes de sa royauté ; Il porte le diadème d'épines, la pourpre du prétoire, le sceptre de roseau. Les Prophètes ont fait silence quand le Roi a pénétré dans Jérusalem. Le voilà sur la colline du Calvaire ! En ce moment, éclatent de nouveau les sons de la trompette ; ses échos se prolongent dans tout l'univers. Les Apôtres, dernière partie du cortége triomphal, ont succédé aux Prophètes ; ils publient, à leur tour, la gloire de leur Maître (1). Telle est la voie tracée et parcourue par la vérité, voie droite, lumineuse, qui n'offre ni précipice, ni écueil, qui conduit le chrétien, par l'enseignement des Prophètes, du Créateur au Christ, et du Christ, par la prédication des Apôtres, le ramène à l'Éternel. Quel contraste entre cette marche majestueuse de la vérité et les procédés perfides de l'hérésie (2) ! Celle-ci se plaît dans les voies tortueuses et obscures. Elle se cache, dit saint Éphrem, comme

---

(1) Adv. Hæres. 25.

(2) « Plerique (hæretici) nec Ecclesias habent, sine matre, sine sede, orbi fide, extorres, sine lare vagantur. » *Tertull.* ibid. XIII.

le voleur qui épie sa proie dans les ténèbres. Malheur à ceux qu'elle saisit. Entraînés par elles, ils se perdent dans un dédale de discussions sans issue ; la vérité disparaît à leurs yeux, et plus ils s'avancent dans ces régions funestes, plus s'épaississent les ténèbres qui voilent leur intelligence (1).

En même temps que ces considérations éloquentes prémunissaient le chrétien contre le danger des innovations théologiques, d'autres hymnes lui apportaient une réponse aux difficultés soulevées par les hérétiques et lui démontraient l'inanité de leurs théories.

Le poète, passant à un autre ordre d'idées, attaque chacun de ses adversaires corps à corps. Il reproche à Marcion de substituer ses propres rêveries au récit de Moïse (2) ; il explique les contradictions apparentes des deux Testaments (3) et affirme la simplicité et l'immutabilité de l'essence divine. L'univers est l'œuvre d'un Principe unique, qui remplit tout de sa présence et, en raison même de son immensité, ne peut avoir d'égal, Principe créateur de la matière et de l'intelligence, de l'esprit et de la chair, de l'âme et du corps (4). La nature entière, vivante et animée, obéissant aux lois de la Providence, atteste la bonté du Créateur et

---

(1) Adv. Hæres. 25.
(2) Ibid. xxx, xi, pas.
(3) Cf. Tertull. adv. Marc, pass.
(4) Ibid. i, 13, 14.

condamne Marcion, l'impie, qui ose méconnaître l'auteur de la vie, et, germe maudit, déteste sa propre origine. Qu'est-ce donc que le Dieu étranger ou *Pérégrin*, inventé par Marcion ? S'il est ennemi de la chair, pourquoi est-il revêtu d'apparences sensibles ? Comment a-t-il pris un corps ? Au lieu de délivrer les âmes de leur prison, en détruisant la chair, pourquoi s'est-il montré leur ennemi en guérissant les maladies, en ressuscitant les corps ? Que signifient les cérémonies mystiques célébrées par les Marcionites : la fraction du pain, la bénédiction du calice, si le Dieu, dont ils honorent ainsi la présence sur la terre, n'a été qu'un vain fantôme ? Non. Le Créateur et le Rédempteur, le Père et le Fils ne sont point ennemis, ainsi que le prétend l'hérésie. Leur essence est une : une leur divinité, une aussi est leur puissance. Ce qui le prouve, c'est qu'ils ont également commandé aux corps et aux âmes, et que la nature matérielle a obéi à leur voix et à celle de leurs envoyés. Il est vrai que la volonté divine s'est montrée tantôt sévère, tantôt miséricordieuse envers les hommes (1). On doit en conclure, non pas qu'elle s'est contredite elle-même, mais seulement que, pour corriger notre libre arbitre, elle a employé tour à tour différents moyens. Cette même sagesse, qui a usé, dans la loi mosaïque, d'une juste rigueur, a bien

---

(1) Toute cette doctrine est admirablement développée par saint Augustin, Lettre à Volusien, cxxxvii.

voulu, sous la loi nouvelle, condescendre à notre misère et nous ouvrir les trésors de sa miséricorde (1).

La poésie d'Éphrem déploie toute sa grâce et toute sa richesse dans l'exposé de cette doctrine :

« La lyre que je chante, dit Éphrem en parlant de l'univers, a merveilleusement uni la parole au silence : silencieuse, elle chantait la gloire de son Créateur.

» A la vue de Celui qui l'avait formée (de Jésus), elle a soupiré, elle a tressailli de joie en sa présence ; elle s'est présentée à Lui, instrument divin, et a tendu ses cordes. Elle a saisi la main du Tout-Puissant et l'a baisée, reconnaissante de ce qu'Il avait daigné la bénir en la touchant de ses doigts. Alors, comme revêtue d'une puissance nouvelle, elle commença sa mélodie ; ce n'était qu'un murmure, et il alluma la guerre contre le démon. Ce redoutable adversaire a été frappé de stupeur, il a tremblé au son de cette harmonie, si douce cependant ; le mot de Trinité a brisé son orgueil. Et, maintenant, il s'agite ; il voudrait détourner les oreilles de ses auditeurs et les empêcher d'écouter l'harmonie de cette lyre, qui leur révèlerait le Seigneur ! Cette lyre avait une corde, autrefois terrible au mortel : la corde de la mort (2).

---

(1) Adv. Hæres. 20.

(2) Allusion à la sentence de mort, prononcée par Dieu, après le péché mortel.

Celle-ci s'est amollie maintenant. Jadis muette, elle résonne depuis que, par l'ordre du Seigneur, les morts reviennent à la vie !...

« Qu'ils viennent donc, ces hommes criminels et impies ! Comment n'entendent-ils pas les modulations de cette lyre ? Elle est sous leurs yeux. Ils la voient montée et suspendue. Eh bien ! je les en adjure ! Qu'ils touchent ces cordes après avoir imploré le Dieu *Pérégrin* et invoqué son secours ! Qu'ils en tirent les accords qu'en tirèrent autrefois Moïse et ces hommes illustres par leurs vertus, Josué et les Prophètes ! Rougissez, incrédules, en écoutant l'harmonie de cette lyre, suspendue devant vous, et qui chante la gloire de son Créateur ! Oui, le Dieu véritable a montré clairement l'inanité de vos dieux, alors que, créant l'univers, il le suspendit et le maintint immobile sur le néant, de telle sorte que personne ne put l'ébranler. Oui ! Cette seule lyre, une des moindres œuvres de la Divinité, confond Marcion et les dieux vainement imaginés par lui ! (1) »

La même réfutation chaleureuse et poétique, mais parlant surtout au bon sens autant qu'à l'imagination, allait frapper le manichéisme.

Éphrem reproduit, sur l'origine du mal, l'explication donnée par l'Église. Le péché ne peut être imputé qu'à notre libre arbitre sollicité, il est vrai, par le

---

(1) Adv. Hæres. 40.

démon, mais qui n'en est pas moins le maître de ses décisions (1). La nuit ne relève pas du principe mauvais; phénomène purement physique, elle est le résultat de la révolution quotidienne des astres. Aussi bien que le jour, elle a ses grandeurs, ses harmonies et ses beautés (2). La théorie de Manès sur le sommeil, les prétentions de cet hérésiarque au rôle de Paraclet ou d'Esprit Saint, sa crédulité à l'endroit des magiciens et des horoscopes, l'indécence de son système cosmogonique excitent la verve du poète chrétien (3) qui accable de son ironie indignée les chimères malsaines rêvées par le novateur. A plusieurs reprises, il rappelle aux Syriens la fin tragique de Manès, considération qui n'était pas sans puissance à ces époques agitées, où les peuples voyaient dans chaque événement extraordinaire le résultat d'une intervention directe de la Divinité (4).

Il semble cependant que les progrès du manichéisme, ou les erreurs de Marcion, aient moins inquiété saint Éphrem que la popularité des doctrines répandues par Bardesane et ses disciples. Bardesane était poète, et poète fécond. D'après le témoignage d'Éphrem, il avait composé plus de 150 hymnes, qui dissimulaient, sous une apparence brillante et poétique, les vices

---

(1) Ibid. 1, 20, pass.
(2) Ibid. 1.
(3) Cf. Tertull. adv. Marc. ii, 8, 9, 11.
(4) Adv. Hæres. 17, 18.

de sa doctrine (1). Ces hymnes se chantaient encore au ivme siècle. Éphrem les entendit plus d'une fois résonner à ses oreilles. Il nous affirme avoir lu le recueil qui les contenait. Dure épreuve pour le poète chrétien que cette lecture qui blessait ses sentiments les plus intimes, contristait sa foi, navrait son cœur d'apôtre et remplissait de crainte cet homme si anxieux du salut de ses frères ! Le grand diacre ne cache pas à ses frères la douleur qu'il a ressentie en lisant l'œuvre de Bardesane :

« O, mes frères, j'ai rencontré l'ivraie, revêtue de la couleur du froment.....

» Le livre de Bardesane est tombé sous mes mains et, pendant quelque temps, la tristesse a saisi mon âme ! Et la pureté de mes oreilles a été souillée, car elles ont servi de passage à des discours blasphémateurs ! (2). »

On ne peut être surpris de la vivacité de cette attaque, quand on considère à quelles tristes conséquences aboutissaient, en pratique, les principes mis en avant par Bardesane. Le dogme chrétien de la résurrection de la chair, nié par cet hérétique, était une de ces vérités que les esprits élevés et les grandes âmes avaient accueillies avec joie ; mais nulle autre peut-être n'avait rencontré des préjugés plus tenaces,

---

(1) Adv. Hæres. 35.
(2) Carm. Nisib. xii, 2.

des oppositions plus persévérantes. Elle s'était obscurcie au sein même du judaïsme (1). Quand saint Paul la présenta à l'Aréopage, elle n'obtint du scepticisme philosophique que l'indifférence ou la raillerie. Tout homme attaché à une vie sensuelle et voluptueuse la repoussait instinctivement, car, en établissant l'existence d'une sanction infaillible et éternelle de la loi morale, elle condamnait leurs plaisirs et les livrait aux remords.

Bardesane favorisait donc singulièrement la licence des mœurs, déjà si grande en Orient, lorsqu'il prétendait que le corps humain, œuvre du péché, disparaîtrait pour toujours, qu'il retournerait au néant, qu'il serait la proie définitive de la mort, à laquelle rien ne pourrait l'arracher (2). Il enlevait à l'acte de la Rédemption la moitié de son efficacité, quand il en limitait les effets à l'âme seule ; il détruisait l'espérance ; il émoussait le stimulant énergique qui pousse l'homme à dompter ses passions, à respecter son corps, à le conserver chaste et pur, dans cette vie, pour le retrouver glorieux dans l'Éternité.

Convaincu du danger qui menaçait les chrétiens, s'ils se laissaient séduire par des doctrines aussi nuisibles,

---

(1) La négation de la vie future faisait le fond de la doctrine sadducéenne. Voici ce que dit saint Éphrem parlant de ces hérétiques : « Mortui qui mortuos suos sine spe sepeliunt, congregati sunt et disputaverunt cum Vivificatore hominum : sed victi sunt in hâc causâ quam construxerant. » Carm. Nisib. XLVII, 11.

(2) Cf. *Beausobre*. Hist. de l'arianisme II. De Bardesane et de ses erreurs. C. 9. B. IV.

saint Éphrem concentra toutes ses forces sur ce point capital : les corps ressusciteront un jour. Cette grande cause fut rarement mieux défendue que par lui ; rarement les droits de notre corps, à une existence qui ne doit plus finir, ont été l'objet d'une revendication aussi éloquente, aussi chaleureuse. Éphrem, répondant à ses adversaires, constate d'abord l'union intime du corps et de l'âme pendant cette vie. Pourquoi cette alliance si étroite des deux parties de notre être serait-elle à jamais brisée ? L'âme aime le corps ; elle ne s'en sépare momentanément qu'avec angoisse. Si la chair était son ennemie, si elle était destinée au néant, l'âme n'éprouverait ni ces douleurs, ni ces regrets (1). Il y a plus : nos actions sont inspirées par l'âme, mais accomplies par le corps; elles sont le résultat unique de ce double principe, et si nous devons être jugés d'après elles, ne serait-elle pas injuste la décision qui ne récompenserait que l'âme et négligerait le corps? (2) Éphrem embrasse dans son ardente charité l'homme

---

(1) « Separatio eorum (corporis et animæ) testatur amorem eorum. » Carm. Nisib. XXIX, 13.

(2) Carm. Nisib. XLV, 1, 10.
  « Diliget ipse (homo) suæ carni carissimus idem
  Per quam paret homo, cum quâ commixtus habetur;
  Vulneribus curas adhibet, lacrymasque profundit.
  Nutrimenta cibi cupide per membra resumit,
  Hanc optat secum immortalem semper habere,
  Quam frangi gemit, et dolet evacuare per artus. »
Auct. incerti. Adv. Marc. IV. Patr. lat. 2, col. 1086.

tout entier. S'il connaît la valeur infinie de nos âmes, il a le sentiment non moins profond de la dignité de notre corps. Les païens divinisaient la chair, les hérétiques la poursuivaient de leur haine, le poète chrétien la maintient à égale distance de ces adorations et de ces outrages. Notre corps n'est que poussière ; mais cette poussière, bénie par le Créateur, a été associée à un principe intelligent qui lui communique sa grandeur. Grâce à cette union, la chair peut mériter : ses peines, ses tristesses lui seront comptées un jour ; elle partagera dans l'Éternité le sort réservé à l'âme dont elle aura été ici-bas la fidèle compagne (1). Toute une grande et belle poésie repose au fond de cet enseignement. On a dit que la création était un hymne à la gloire de Dieu. Éphrem avait entendu, lui aussi, ce mystérieux concert. Il avait saisi les rapports intimes de ces deux instruments divins : le corps et l'âme. Ne nous semble-t-il pas entendre comme un brillant écho de cette mélodie dans les strophes suivantes :

« Que le corps et l'âme chantent Vos louanges, ô Seigneur, dans Votre paradis !

---

(1) Carm. Nisib. XLV, id.
« Sed non pars hominis, anima, suâ parte relictâ
Percipiet palmam, sociâ quam carne laborans
In stadio luctata, simul conjuncta meretur.....
Grande nefas, portare duos per vincula pondus
Quorum sit locuples unus, atque alter egenus
Et miserum sperni, felici præmia reddi. »
Auct. incerti. Adv. Marc. I, 9. Patr. lat. 2, col. 1,062.

» Seigneur, réparez l'injure qu'a soufferte la demeure où habitait l'âme, l'âme qui résidait dans le corps. Pour toute récompense de l'hospitalité qu'elle en avait reçue, l'âme en sortant a détruit et renversé la demeure. Qu'elle y entre de nouveau ! Qu'elle y habite, qu'elle se réjouisse dans cette demeure ! Qu'elle chante dans ce séjour, et que le bruit de sa vie se fasse entendre encore dans l'édifice désert !

« Que le corps et l'âme chantent Vos louanges, ô Seigneur, dans Votre Paradis !

» Une portion de la vie de l'âme frémit dans les membres du corps. Les agitations de ses pensées palpitent dans nos sens. Les trésors de ses parfums respirent dans l'harmonie de nos mouvements. Mais le corps reconnaissant a rendu à l'âme ce qu'il lui avait emprunté. Par lui l'âme acquiert ses richesses, par lui elle chante sa gloire lorsqu'au ciel on examine ses démarches et ses actions (1).

» Que le corps et l'âme chantent Vos louanges, ô Seigneur, dans Votre Paradis !

» Par la bouche, l'âme a offert ses prières à Celui qui entend tout : par la main, elle a distribué les aumônes à Celui qui récompense tout ; par les yeux, elle a lu l'Écriture ; par les oreilles, elle a entendu les

---

(1) « Et sermo enim de organo carnis est ; artes per carnem ; studia, ingenia per carnem ; opera, negotia, per carnem ; totum vivere animæ carnis est. » *Tertull.* De Resurrect. carn. VII.

divines promesses ; par les pieds, elle s'est transportée sur le seuil de la Maison de Dieu. Voyez ! Pendant la tentation, grâce au corps, elle est restée inébranlable. Loué soit Celui qui a créé des besoins à l'âme afin de glorifier le corps, son compagnon ! (1)

» Que le corps et l'âme chantent Vos louanges, ô Seigneur, dans Votre Paradis !

» La volonté du Seigneur rassemblera la poussière du corps : elle le renouvellera, elle en fera un temple de gloire et dans la chambre nuptiale, elle introduira l'âme, la consolatrice et la fiancée (2), et le corps, jusque-là plein de tristesse dans l'enfer, se réjouira, et son désespoir se changera en transports joyeux, en voyant s'accomplir les promesses, en obtenant cette miséricorde immense à laquelle n'avait pas cru l'insensé.

» Que le corps et l'âme chantent Vos louanges, ô Seigneur, dans Votre Paradis !

» Les pieds du corps qui étaient enchaînés bondiront dans le Paradis ; ses mains délivrées de toute entrave cueilleront en abondance les fruits délicieux ; ses yeux, fermés auparavant, verront Celui qui éclaire le monde ; sa bouche silencieuse s'ouvrira ; ses oreilles

---

(1) « Nam et sacrificia Deo grata, conflictationes dico animæ, jejunia, et seras et aridas escas, caro de proprio suo incommodo instaurat. » *Tertull.* De Resurrect. carn. VIII.

(2) « Utramque jam in semetipso fœderavit, sponsam sponso, et sponsum sponsæ comparavit..... sed caro est sponsa quæ et in Christo Jesu spiritum sponsum per sanguinem pacta est. » *Id.* LXIII.

qu'aucun son ne frappait plus, entendront la trompette, et le corps, livré à la corruption, resplendira dans la gloire!

» Que le corps et l'âme chantent Vos louanges, ô Seigneur, dans Votre Paradis! (1) »

La précision de détails que nous avons eu occasion de remarquer dans les chants politiques d'Éphrem, reparaît dans ce résumé fidèle de la doctrine catholique. Il n'est aucune de ces images poétiques qui ne s'appuie sur la plus saine théologie, aucun de ces emblêmes qui ne soit l'expression complète et éloquente de la vérité. L'influence réciproque de l'âme sur le corps et du corps sur l'âme, la part donnée à chacun de ces éléments dans notre vie, les douleurs de la séparation, les joies de la résurrection, Éphrem a tout dit dans ces quelques strophes.

Comme raison dernière de ces faits, comme principe de ces transformatious successives imposées à notre être apparaît la volonté divine (2), à laquelle rien n'est impossible, en qui réside la souveraine justice et l'infinie miséricorde.

Resserrée dans ces limites, la démonstration d'Éphrem eût été cependant incomplète. On lui aurait peut-être donné les éloges que l'on accorde à toute hypothèse bril-

---

(1) Carm. Nisib. XLVII, 1, 6. — Cf. Tertull. De Resurrect. carn.

(2) « Et utique idoneus est reficere, qui fecit. Quanto plus est fecisse quam refecisse, initium dedisse quam reddidisse, ita restitutionem carnis faciliorem credas restitutione. » *Tertull.* De Resurrect. carn. XI, in fine.

lante dont la vérification paraît impossible, qui satisfait certains penchants, certaines aspirations de notre imagination, de notre cœur, et ne parvient pas à donner raison de la réalité. Or, la doctrine d'Éphrem se heurtait à un fait redoutable, brutal, celui de la mort, de l'affreuse dissolution qui en est la suite, du silence qui se fait autour du tombeau. Comment croire à la résurrection en face de la mort? Interrogez les cendres de ceux qui ne sont plus. Aucune réponse ne se fera entendre, aucune voix ne sortira du sépulcre : la vie se tait; elle a disparu. Qui nous assure qu'elle reviendra un jour?

L'objection était puissante. Les païens s'en étaient servis contre les prédicateurs de l'Évangile. Marcion et Bardesane l'employaient à leur tour à l'appui de leurs erreurs. Les chrétiens la réfutaient en commentant la parole de saint Paul : « *Seminatur in corruptione, resurget in incorruptione.* » Déjà dans son traité célèbre de la résurrection de la chair, Tertullien avait démontré que la nature, loin de contredire la résurrection des corps, en offrait, au contraire, des types incontestables (1). Éphrem suit la même voie dans ses hymnes contre Bardesane. Sa preuve n'a pas l'ampleur, l'éloquence nerveuse et pénétrante du raisonnement de Tertullien. Le poète syrien ne réunit pas dans un seul tableau toutes les images par lesquelles le Créateur a voulu symboliser notre passage de la cor-

---

(1) Tertull. De Resurrect. carn. xii.

ruption du tombeau à l'épanouissement de l'éternité. Il les développe une à une selon qu'elles se présentent à sa pensée. Il y a plus de recherche et d'effort dans Tertullien, plus de grâce et moins de vigueur dans saint Éphrem. La différence du génie de ces deux docteurs se laisse voir à la manière dont ils envisagent les mêmes preuves. Dieu est grand, dit Tertullien : il commande et la vie sort du néant. La nuit est le tombeau du jour, et le jour triomphe à son tour de la nuit. L'hiver est la mort de la nature : le printemps en est la résurrection. La graine se corrompt avant que naisse la plante : en un mot, tout meurt pour renaître ; ainsi en sera-t-il de notre corps (1).

Dieu est bon, dit Éphrem, et sa bonté vivifie la mort elle-même. C'est la Providence qui fait éclore le poisson dans les flots de la mer (2), l'insecte sous la mousse (3), l'oiseau dans le nid, l'homme dans le sein maternel. Quand l'hiver, semblable à un voleur, a dérobé à la terre ses fleurs et sa verdure, Dieu ramène le printemps et restitue à la nature les ornements qu'elle avait perdus. Ainsi la bonté paternelle du Créateur rendra au corps la beauté dont la mort a fait sa pâture ; et comme ici-bas il n'y a point de sommeil qui ne soit suivi d'un réveil, le sommeil de la tombe sera suivi du réveil de l'immortalité (4).

---

(1) Tertull. De Resurrect. carn. xii.
(2) Carm. Nisib. xlviii, 11.
(3) Ibid. xlvi, 15.
(4) Carm. Nisib. xliii, 52.

Ces poétiques symboles de la résurrection de la chair se mêlent, dans les hymnes d'Éphrem, aux témoignages de l'Écriture Sainte. L'Ancien et le Nouveau Testament étaient généralement acceptés des hérétiques (1). Ni Marcion, ni Manès, ni Bardesane n'en avaient contesté l'autorité. Éphrem profite largement de cette concession. Il recueille dans l'Ancien Testament les types et les figures de la résurrection. Les ossements de Joseph, emportés par Moïse jusque dans le désert, gage de salut pour Israël, la verge d'Aaron, retrouvant dans l'arche une sève nouvelle, l'eau jaillissant du rocher, les jeunes Hébreux sortant pleins de vie de la fournaise, Jonas rejeté du ventre de la baleine, Ézéchiel ranimant la poussière des morts ; tous ces prodiges ont, selon Éphrem, une signification, un sens prophétique ; ils sont l'image et la promesse de la résurrection future de notre corps. Le Nouveau Testament nous montre la réalisation de ces figures : nous y voyons un Dieu rappelant les morts à la vie, et mourant Lui-même, pour sortir trois jours après, par sa propre puissance, glorieux et vainqueur de la mort à jamais abattue par Lui. La mort n'est donc plus pour le chrétien la désespérante puissance du néant. Elle ressemble plutôt à un long sommeil qui doit cesser aux lueurs de ce matin que l'on nomme l'éternité. Éphrem appuie habilement sa doctrine sur

---

(1) Adv. Hæres. passim.

le sentiment le plus fort, le plus généreux qui ait trouvé place dans l'âme humaine, sur cet instinct dont on a dit qu'il était plus fort que la mort, sur l'amitié :

« Celui, dit-il, que l'amitié a enivré de ses parfums, mais qui a su chérir la vérité, triomphe de la tristesse. La mort de son ami n'est qu'un songe pour lui.

» Il a pu autrefois songer que son ami n'était plus, et le matin est arrivé, et il a été consolé de sa triste vision.

» Oh! combien le défunt est semblable à celui qui paraissait mort dans le rêve! Combien la mort ressemble à un songe! et la résurrection au réveil du matin!

» Que la vérité se lève sur nous comme le jour sur nos paupières, et nous verrons que la mort n'est pas plus effrayante qu'un songe!

» Insensé celui qui voit le sommeil cesser aux lueurs du matin, et qui croit cependant que le sommeil de la mort durera éternellement!

» L'œil éclairé par l'espérance discerne ce mystère : il voit que la mort est un sommeil qui cessera à l'approche du jour.

« Il volera, ce parfum précieux de la vie, vers le corps, la demeure de l'âme, abandonnée, méprisée par elle.

» Le corps revêtira une gloire, une beauté nouvelle,

car il deviendra le sanctuaire bien-aimé de la vie. Il sera purifié ce corps auparavant désert, et la vie y habitera.

» Le son de la trompette se fera entendre aux lyres silencieuses (1).

» Levez-vous ! Chantez ! Glorifiez à haute voix le Fiancé !

» Et le bruit retentira sur les lèvres, quand les tombeaux s'ouvriront. Elles se chanteront les unes les autres sur leurs instruments. Chaque voix félicitera sa sœur.

» Gloire à Vous, qui avez exalté Adam innocent ! Gloire à Vous, qui l'avez humilié dans l'enfer, lorsqu'il se fût enorgueilli !

» Louange au Dieu qui ressuscite ! Et que ma lyre aussi glorifie le Seigneur dans sa résurrection ! (1) »

Un pareil enseignement devait avoir des conséquences pratiques. Éphrem les signale dans ses hymnes. Entre autres choses, il blâme énergiquement, nous l'avons déjà remarqué, les pleurs, les cris funèbres, le luxe de lamentations dont les funérailles en Syrie, plus que partout ailleurs, donnaient le frivole spectacle. Pour que la leçon soit plus frappante, le poète s'efface der-

---

(1) Le même mot signifie, dans la langue syriaque, la *lyre* et les *lèvres*. C'est encore un jeu de mots dont Éphrem, à plusieurs reprises, a su profiter habilement.

(2) Carm. Nisib. LXX, 13, 24.

rière la mort : c'est la Mort elle-même qui fera la leçon au peuple d'Édesse. Ce maître d'un nouveau genre s'acquitte de sa tâche avec une singulière énergie :

« Vous ressemblez à l'enfant qui pleure et rit au même moment ; voilà comment vous pleurez vos morts !

» Vous êtes insipides dans votre tristesse, insensés dans votre douleur ! Vous me semblez pareils aux enfants à peine sevrés.

» Vous pleurez, vous vous lamentez, et, au même instant, vous revenez aux jeux et aux danses, ce qui est le propre de l'enfance.

» N'arriverez-vous jamais à la plénitude de l'âge ? Ne serez-vous jamais cet homme sage et parfait également éloigné du rire et des larmes ?

» Oui, je méprise vos cris quand vous pleurez en désespérés sur le tombeau de vos morts. Si je pouvais, si Dieu me le permettait, je sortirais du tombeau, quand vous pleurez ainsi, pour vous confondre publiquement (1). »

Les reproches de la Mort ouvrent également une triste échappée de vue sur les mœurs violentes et sanguinaires d'une partie des auditeurs d'Éphrem, et sur les misères de la civilisation corrompue du Bas-Empire. Meurtres, assassinats, incendies, condamnations iniques, sacrifices sanglants, rapines et brigandages, toutes ces

---

(1) Carm. Nisib. LXII, passim.

horreurs se commettaient impunément en Syrie (1). Du moins l'Église chrétienne, par la voix de son poète, protestait courageusement contre ces crimes. Il est beau d'entendre un simple religieux, qui n'avait d'autres ressources que celles de son talent et de ses vertus, prendre devant ses frères à demi-barbares, la défense de l'humanité méconnue :

» Écoutons et comprenons la Mort, ô mes bien-aimés. Elle nous reproche nos pleurs et nos gémissements.

Gloire à Vous, qui êtes descendu, qui avez plongé dans l'abîme après Adam, qui avez retrouvé Adam et en lui tous ses fils !

» Elle nous dit avec raison : « Vous tuez sans compassion, et vous pleurez comme des hommes miséricordieux !

» C'est vous qui me rendez amère, ô meurtriers, car vous vous égorgez sans moi !

» Avant que la Mort ait désiré s'approcher, le glaive l'a prévenue. Voyons contre qui réclame le sang des victimes !

» Ils crient contre vous, ceux que vous avez étran-

---

(1) Les paroles d'Éphrem peuvent bien être prises dans un sens plus général et s'appliquer non-seulement à la Syrie, mais à toutes les contrées habitées par l'homme. Il est visible cependant que saint Éphrem fait allusion à certains genres de mort, à certains supplices usités surtout en Syrie. Ses avertissements, pour obtenir tout leur effet, devaient porter sur des circonstances bien connues de ses auditeurs.

glés dans l'angoisse de la suffocation. Je suis saisie de dégoût à la vue du lacet qui étouffe vos victimes.

» Vous ne me laissez pas un instant de repos, à moi qui seule puis introduire en enfer ceux que vous avez étranglés ou égorgés.

» Voici que vos enfants vous les rejetez loin de vous, comme le fait l'Égyptien. Vos fils, vous les sacrifiez aux démons, peuple démoniaque!

» Avant que moi, la Mort, j'eusse désiré goûter vos cadavres, Caïn, le premier, m'a repue de sang humain.

» Je me faisais violence pour attendre patiemment la mort d'Adam. Et vous, avant le temps fixé, vous m'avez faite la maîtresse de votre corps.

» Le glaive de Caïn a brisé la porte de l'enfer! Elle était fermée, il s'est hâté de l'ouvrir avant le moment voulu.

» La route de l'enfer, même sans moi, est devenue par vos œuvres un sentier battu! La voie sur laquelle je me promène, c'est vous qui me l'avez aplanie!

» Pendant neuf cents ans, je me suis assise, et j'ai attendu la mort d'Adam. Caïn n'a pas laissé à son frère un seul jour de vie.

» Les voleurs sur les routes sont plus cruels que moi! Je dors, et ils veillent pour égorger!

» Voici dans les sépulcres ceux que vous avez tués, et sur les routes ceux que vous avez égorgés, et sur vos gibets, ceux que vous avez étranglés!

» Si moi, dit Jéhu, je me suis révolté contre mon

Seigneur, et si je l'ai frappé, qui donc a frappé tous ceux-ci ?

» Et si moi, la Mort, j'emmène ceux qui ne sont plus, qui donc a tué ceux qui ont péri par le glaive ou le lacet ?

» Vous êtes des démons les uns pour les autres, et Satan seul est l'objet de votre haine. Vous vous entre-tuez, et la Mort seule est accusée par vous.

» Vous vous versez réciproquement le poison qui donne la mort. Que de morts ne possédez-vous pas à part moi !

» Ruses, embûches, lacets, glaives, poisons, que de morts naissent en vous et par vous !

» Le juge sur son tribunal tue, lui aussi, mais il tue pour une récompense secrète. Moi, je ne veux point de salaire.

» J'ai vu la corruption de la justice, et j'ai été frappée de stupeur, si grande est l'avance qu'elle prend sur moi. Combien de condamnés sont tués par l'or, et personne ne s'en aperçoit.

» Je rougis de mon inexpérience, car je n'emporterais qu'un seul cadavre, que tout le monde le sait à l'instant.

» On pleure dans les maisons ; on gémit sur les places publiques : jusqu'à la porte de l'enfer on se lamente contre moi.

» Gémissez donc sur vous-mêmes, vous si dignes de haine, alors que vous me haïssez. L'enfer gémira un jour sur vous, ô meurtriers !

» Tortures, fouets, flammes et pierres, vous employez tout cela pour tuer les hommes. Et vous avez de l'orgueil !

» Combien suis-je plus respectueuse, plus compatissante, plus modeste que vous. Ce n'est qu'avec respect que j'emmène vos morts !

» Sur sa couche, j'ai des caresses pour le malade, et je l'endors pour le reposer d'un sommeil de quelques instants ! (1) »

Nous avons voulu citer en entier cette page d'une éloquence si admirablement chrétienne dans son originalité. N'était-ce point une pensée touchante et sublime que d'opposer ainsi la mort naturelle, œuvre de Dieu, à la mort violente, œuvre de l'homme ? Un poète chrétien pouvait seul donner à la mort ces traits qui nous la feraient aimer, si ce châtiment du péché originel ne répugnait pas invinciblement à notre nature. Mais aussi, comme le poète a su délicatement atténuer l'amertume de ce châtiment ! Il fait de la mort une bienfaitrice qui défend elle-même, contre les mains homicides des fils d'Adam, ces corps qu'elle doit conserver comme un dépôt sacré. Il lui prête, pour cette chair touchée par le Créateur, un respect, une déférence que l'homme ne connaît pas pour son propre corps et, en finissant, il nous montre cette dominatrice du monde s'approchant, presque craintive, de

---

(1) Carm. Nisib. LXI.

la couche où souffre le moribond, ménageant ses derniers instants avec une délicatesse maternelle et l'emportant sans secousse vers son lieu de repos.

Il est cependant un peuple pour lequel la mort ne se sent aucune pitié, c'est le peuple juif. Les Juifs étaient en Syrie un des grands obstacles à la diffusion de la foi chrétienne. Éphrem s'en plaint plusieurs fois dans ses hymnes. Et puis, dans ce peuple, l'ardent apôtre de la Syrie voyait le peuple déicide, le meurtrier des Prophètes et des Apôtres. Au milieu du IVe siècle, la réprobation populaire pèse déjà lourdement sur Juda ; Éphrem en est l'écho lorsqu'il suppose qu'au delà du tombeau la mort poursuit les Juifs de sa dédaigneuse colère. Au nombre de ces meurtriers dont il rappelait tout à l'heure les crimes, le poète place les Juifs et la synagogue. Il énumère une à une les victimes de la cruauté de Juda. Les horreurs du siège de Jérusalem lui reviennent à la mémoire. Il se souvient de ces mères dénaturées dévorant leurs propres enfants (1), et finit par cette apostrophe qui rend bien son indignation :

« *La Mort*. — En vérité, les morts de Juda me sont en horreur : jusque dans l'enfer, je déteste leurs ossements.

» Je voudrais pouvoir les rejeter bien loin de l'enfer, car ils en font un séjour d'infection.

---

(1) « Mulieres edaces comederunt infantes suos. Hades autem reddidit mortuos et didicit sobrium jejunium. » Carm. Nisib. LXVII, 5, 6.

» Je m'étonne que l'Esprit-Saint ait habité si longtemps au milieu d'un peuple dont l'odeur est aussi fétide que ses mœurs.

» Les oignons, les aulx sont là pour attester ses œuvres. L'esprit de ce peuple ressemble à ses aliments (1). »

Mais la pensée chrétienne reprend bientôt le dessus. Le poète s'humilie ; on dirait qu'il regrette sa vivacité et qu'il s'incline pour en demander pardon :

» Au nom de tous ceux qui prient, qui fléchissant le genou, adorent votre Père, ô Jésus! ayez pitié de moi, le pécheur, car j'ai péché contre votre amour.

» Soyez glorifié par les Hébreux, les Araméens, les anges, et que par Vous Votre Père soit glorifié.

» Et puisque j'ai été la parole de la mort silencieuse, que le Fils, qui tout entier est parole, cache mes fautes à son Père! (2) »

Éphrem a été la parole de la mort. Il a été celle de l'homme affirmant son espoir dans une résurrection future. Comment n'aurait-il pas essayé de chanter cette éternité bienheureuse qu'il annonçait à ses frères ?

Bardesane avait rêvé pour l'âme un Paradis de délices charnelles (3). Les joies qu'il promettait aux élus consistaient en voluptés tellement licencieuses que

---

(1) Carm. Nisib. LXI.
(2) Ibid.
(3) Advers. Hæres. LV.

le poème dans lequel il les décrivait ne se lisait que dans les assemblées secrètes (1). De pareilles peintures n'étaient pas faites pour inspirer aux Syriens le mépris du plaisir, pour les encourager à la pratique des pénitences et des mortifications. Le christianisme suivait une autre marche. La récompense qu'il proposait aux élus, le prix qu'il montrait au bout de la carrière était d'une autre nature et ne se ressentait en rien des instincts de la chair. Aussi les douze hymnes de saint Éphrem, sur l'Éden, forment-elles un éloquent contraste avec le poème de Bardesane. Rien de plus propre que ces radieuses et chastes descriptions, à détacher l'homme de la terre, à élever ses pensées. On ne saurait nier que ce ne soit une tâche difficile et délicate pour un poète chrétien que de soulever le voile qui cache aux yeux mortels les joies divines du Paradis. Ou bien il se sert de comparaisons sensibles qui, malgré leurs charmes, restent bien inférieures à ce qu'elles doivent représenter. Ou bien s'il s'élève au-dessus des sens, s'il s'engage dans les hautes régions du mysticisme, goûtée par quelques âmes d'élite son œuvre restera incomprise de la foule.

Éphrem, dont les poèmes s'adressaient avant tout au peuple, ne pouvait renoncer aux brillantes images qu'il puisait dans la nature. Il les employa avec choix

---

(1) « Ad redarguendam eorum impudentiam satis habeamus ea quæ apud ipsos in clandestinis conventibus canuntur. » Adv. Hæres. 55.

et mesure, et s'il leur laissa tout leur éclat, il eut soin de prévenir les chrétiens qu'il ne s'en servait que dans l'impuissance de trouver des paroles dignes de son sujet (1).

Pour parcourir les espaces infinis où vivent les bienheureux, Dante a fait appel à la théologie. C'est sur les pas de cette Vierge divine à laquelle il donne le nom de Béatrice qu'il pénètre jusqu'au trône de l'Éternel. Éphrem, lui aussi, a un guide qui soutient et éclaire son imagination. Ce guide c'est l'Écriture, c'est Moïse décrivant en quelques mots le Paradis d'où furent chassés le premier homme et sa compagne. Dans le silence de sa grotte, le chantre d'Édesse a lu le commencement de la Genèse (2). Cette lecture inspire au pieux solitaire le désir de connaître l'Éden. Peu à peu son esprit, emporté par une douce extase, prend insensiblement son essor, franchit les limites de ce monde, s'envole sur les sublimes hauteurs du jardin de délices et se plonge tout entier dans ses ineffables voluptés (3).

---

(1) « Quamobrem etsi indoctis ad obviam vocum significationem hærentibus, terrenus videatur Paradisus, reapsè talis non est, terreno quanquam adumbratus, sed locus purus, et a materiâ secretus. Nec enim res arcanas, et à sensibus abstractas pingere cuipiam licet, nisi a conspicuis et patentibus colores mutuetur. » — De Paradiso Eden, xi, 4.

(2) « Ad primum divinæ scripturæ locum totum appuli animum : continuò animus a materiâ defæcatus evasit. » Ibid. vi.

(3) « Animus ad sacratiora paradisi adyta transvolavit, in ejusque gloriam totum se mersit. » Ibid. i, 3.

Selon le commentaire mystique d'Éphrem, l'Éden était situé à une hauteur prodigieuse au-dessus de la terre. Quand le déluge bouleversa le monde, les flots destructeurs effleurèrent à peine le Paradis (1) : ils s'arrêtèrent humbles et soumis devant ce seuil redoutable et se rejetèrent subitement en arrière sur les montagnes qui les environnaient. Le premier séjour d'Adam réunissait toutes les richesses disséminées par le Créateur dans l'univers. Au milieu de ce jardin aux fleurs toujours épanouies, toujours embaumées, s'élevait l'arbre de vie dont la clarté, semblable à celle du soleil, illuminait le jardin tout entier, dont les feuilles polies et luisantes comme un miroir reflétaient les splendeurs de l'Éden. Quand les arbres plantés à l'entour fléchissaient devant lui leur feuillage agité par la brise, ils semblaient adorer leur maître et leur roi (2). Ce n'est encore là que le début du poème d'Éphrem. A cet Éden dont il a rappelé les beautés, le diacre d'Édesse substitue, dans d'autres hymnes, le véritable Paradis, le Paradis des âmes, représenté ici-bas par l'Église militante et dans l'éternité par l'Église triomphante. C'est dans l'Église, dit Éphrem, que se cueille chaque jour le fruit divin qui donne à tous l'immortalité ; c'est en elle que se rencontre la vigne

---

(1) Ibid. i, 4.

(2) Ibid. iii, 2.

mystique dont la grappe féconde est un gage d'éternité (1).

Alors, de l'Église d'ici bas, le poète, passant à l'Église glorieuse, retrace à grands traits les joies et les récompenses des élus. Mieux inspiré que ne le fut plus tard Chateaubriand dans *les Martyrs* (2), il ne représente pas par un simple emblème les différentes gloires dont les saints seront couronnés. Il attribue à chacun une félicité qui sera la compensation directe de ses travaux et de ses souffrances. Selon saint Éphrem, les vieillards, en respirant la brise qui souffle dans le séjour des élus, sentiront la jeunesse circuler encore une fois dans leurs veines, et leurs traits s'animeront de cet éclat qui resplendissait sur la face de Moïse quand il descendit de la montagne. Les mères retrouveront leurs enfants dont la mort les avait si cruellement affligées. Elles les verront errer comme de tendres agneaux dans les plaines célestes. Elles reconnaîtront avec des transports de joie ces frêles créatures cueillies à l'aurore de leur enfance,

---

(1) Voir, dans l'hymne vi, le magnifique développement de cette pensée.

(2) « Là sont aussi rassemblés à jamais les mortels qui ont pratiqué la vertu sur la terre ; les Patriarches assis sous des palmiers d'or ; les Prophètes au front étincelant de deux rayons de lumière ; les docteurs tenant à la main une plume immortelle ; les solitaires retirés dans des grottes célestes ; les martyrs vêtus de robes éclatantes ; les vierges couronnées des roses d'Éden ; les veuves, la tête ornée de longs voiles, et toutes les femmes pacifiques qui, sous de simples habits de lin, se firent les consolatrices de nos pleurs et les servantes de nos misères. » *Les Martyrs :* iii, p. 45. (Édit. Garnier).

ou mieux encore, ces fruits tardifs de l'automne à son déclin, maintenant primeurs savoureuses des vergers du Très-Haut. Les martyrs se reposeront de leurs glorieux combats dans une éternelle quiétude. Leur voix, jadis éteinte par les supplices, retentira pleine de force et leurs corps, broyés autrefois par les tortures, brilleront de toute la beauté de leur âme. Les vierges recevront les félicitations des anges et les applaudissements des Apôtres ; elles célébreront en pleine lumière ces noces mystiques préférées par elles aux satisfactions légitimes du mariage. Au sein de ces délices, ajoute Éphrem, aucun souci ne vient tourmenter les élus. Ils vivent sans crainte, se félicitant mutuellement des couronnes qu'ils ont obtenues. Au-dessus d'eux, des nuées étincelantes s'étendent comme un pavillon ; des rameaux verdoyants entrelacés de fleurs soutiennent leurs têtes ; le ciel reluit, l'air est serein ; des fleuves majestueux, au flot toujours pur, toujours égal, arrosent cette délicieuse région. Pour fêter les saints, les anges s'empressent et se multiplient. L'un présente aux élus une corbeille de fruits, l'autre une coupe de nectar; celui-ci un calice plein de rosée ; et tandis que les odeurs les plus suaves se répandent autour d'eux, pour charmer leurs oreilles, soupire la plus douce harmonie (1).

---

(1) Cette description est empruntée à l'hymne vii, que sa longueur ne nous a permis de reproduire, malgré les beautés de tout genre dont elle est remplie.

Telles sont les joies réservées aux saints, et que le diacre d'Édesse a entrevues dans un de ces moments où son imagination, excitée par la prière et la lecture de Moïse, osait s'élever jusqu'à la contemplation de la bienheureuse éternité. Le poète rapporte à ses frères ce qu'il a vu. Toutefois, dans la crainte qu'ils ne prennent pour des réalités matérielles les images dont il se sert, il leur explique lui-même les divers sens de ces figures. Quand il leur parle de fleurs, de parfums, d'harmonie, il n'entend point, dit-il, parler de jouissances pareilles à celles que l'on peut goûter pendant cette vie.

Rien de ce que l'on rencontre sur la terre ne peut donner une idée de la félicité dont le Seigneur comblera notre âme et notre corps glorifié. Un seul mot peut suffire : Dieu lui-même. Dieu sera notre partage et notre bonheur. L'harmonie qui s'exhale de la divinité sera notre nourriture, sa lumière, notre vêtement ; son éclat illuminera nos horizons infinis. Notre cœur méditera sans cesse les bienfaits du Tout-Puissant, sa louange sortira sans relâche de nos lèvres : ainsi, notre bouche deviendra la source de la sagesse, notre poitrine le sanctuaire de la paix, nos yeux les témoins de la vérité, admirable transformation qui donnera à notre corps la majesté de notre âme, et à notre âme une sorte de nature divine (1) ; et alors, jetant un

---

(1) Ibid. ix, in fine.

regard de désir et d'amour sur le Paradis : « Heureux, s'écrie Éphrem, ceux qui ont vu la gloire des saints ; heureux ceux qui ont entendu leur langage ! Heureuses les oreilles rassasiées de leurs paroles ! Heureux ceux qui partagent leurs joies ! Courage, vous qui voulez imiter les premiers ! Honte à vous, qui refusez de suivre les derniers ! (1) »

Un autre poète oriental, Mahomet, termine par les mêmes paroles la description de son voluptueux Éden (2). Le fondateur de l'Islam a dépassé Bardesane par l'immoralité de ses peintures. Il est arrivé à son but, en subjuguant l'âme par les sens. Son Paradis n'est rien autre chose que la glorification des jouissances les plus honteuses de la nature. Rien n'y est accordé aux joies de l'intelligence et de la raison, les plus vraies cependant que puisse goûter l'homme, être intelligent et raisonnable.

Bardesane arrivait aux mêmes conclusions en suivant une autre voie. Il supprimait le corps, mais en donnant à l'âme les faiblesses et les passions de la nature matérielle. La félicité mystique dont il faisait la récompense de l'esprit consacrait, en leur donnant un charme de plus, les plaisirs coupables du sensualisme (3). En s'écartant de la doctrine chrétienne,

---

(1) Ibid. vi, 18.

(2) V. les dernières strophes du Khoran.

(3) V. les citations de Bardesane. Adv. Hœres. lv.

Bardesane ne resta pas même à la hauteur des anciens philosophes païens (1). Sans doute, il est pâle et terne l'Élysée qu'avaient rêvé ceux-ci. Et, cependant, elles sont discrètes, chastes même, les peintures qu'ils nous ont laissées, du séjour où habiteront les justes. Elles ne soulèvent aucun désir impur, les délices que se promet Socrate, alors que, sur le point de mourir, il décrit aux amis qui l'entourent, selon une vieille tradition orientale, la terre merveilleuse, étincelante d'or et de rubis, où il espère arriver un jour (2). Et quand Cicéron nous parle de l'harmonie des sphères célestes, du concert merveilleux qui ravira nos sens, ce bonheur auquel il nous convie n'est pas de ceux qui énervent l'âme et qui la courbent sous les passions (3).

Mais la sagesse antique n'éclairait notre vie future que de vagues lueurs. Seule, la révélation, dont la doctrine chrétienne était dépositaire, pouvait nous montrer, comme à travers un voile transparent, la destinée des justes.

Elle inspirait Augustin lorsque, penché, avec sa mère Monique, sur le balcon d'Ostie, ayant sous les yeux la mer immense, au-dessus d'eux, le firmament

---

(1) Saint Éphrem déplore en ces termes la chute de Bardesane : « Vos autem, pia proles! Bonum, oro, pro Bardesane propitiamini qui cum prisco gentium errore decessit, Dominum in ore, dæmonum legionem in corde ferens. »

(2) Platon. Phédon. LVII.

(3) Songe de Scipion.

étoilé, ils s'élevaient, par la pensée au-dessus de l'univers, et laissaient leur âme s'absorber dans la contemplation de l'infinie majesté (1). Elle reculait les bornes étroites de la grotte d'Éphrem et montrait à l'imagination du poète, illuminée par la parole divine, les jardins mystiques de l'Éden. Ainsi, l'Église chrétienne, par la voix de ses docteurs, attirait à elle en même temps le philosophe et l'homme du peuple. Les grands esprits de l'empire romain s'éprenaient, à leur tour, des charmes de la contemplation idéale entrevus par Augustin. A l'appel d'Éphrem, les déserts de la Syrie se peuplaient de solitaires désireux de mériter, par des austérités corporelles, les gloires du Paradis. L'Orient répondait à l'Occident, et, du milieu des débris de l'ancien monde, surgissait de toutes parts la grande cité chrétienne, si bien appelée par Augustin, la Cité de Dieu.

---

(1) Confessions. Livre ix, 10.

§ II. — LES ARIENS.

—

Nous aborderons maintenant les hymnes dans lesquelles saint Éphrem défendit la foi de Nicée, attaquée alors par les Ariens. Après la mort de Constantin, la Syrie, comme le reste de l'Orient, se trouva en proie aux querelles intestines qu'excitèrent les discussions dogmatiques auxquelles donnait lieu le mystère de la Trinité. Un Dieu unique en trois personnes égales, un Père engendrant de toute éternité un Fils semblable à lui, un Esprit-Saint procédant de l'un et de l'autre et leur égal en toutes choses, trois personnes distinctes dans une seule essence, ces vérités qui forment le fondement même de la religion chrétienne dominaient de trop haut la raison humaine, pour que celle-ci ne s'égarât pas en s'efforçant d'atteindre leur sommet. Telle fut l'erreur d'Arius. Il se refusa à admettre l'éternelle génération du Verbe; il soutint que le Messie n'était qu'une créature douée de tous les attributs de la divinité, sauf du plus essentiel, c'est-à-dire du pouvoir d'exister par lui-même (1). Malgré les contradictions évidentes que renfermait une pareille doctrine, elle fut accueillie avec faveur par un grand nombre d'esprits, heureux de s'expliquer ainsi ce qui, jusqu'alors, leur avait paru incompréhensible. Arius avait donné l'impulsion. Elle se communiqua rapidement à tout l'empire. Le terrain choisi par les novateurs était admirablement propre à ces combats de dialectique qui, des lices étroites des anciennes écoles philosophiques, allaient désormais se transporter sur l'arène bien plus vaste des croyances religieuses. En Orient, la lutte prit tout de suite un caractère passionné. Violemment attaquée, la doctrine de Nicée fut défendue avec une vigueur plus grande encore par les docteurs de l'Église. Les chrétiens se divisèrent : les uns se rangèrent du côté de l'hérésie ; les autres restèrent fidèles à la foi des Apôtres. L'intervention des empereurs jeta un ferment de plus dans ces discordes. Les passions humaines, les rivalités mesquines, l'esprit d'intrigue, l'amour-propre, la soif des richesses et des honneurs, se mêlant aux passions religieuses et les employant à leur profit, vinrent mettre le comble à ces malheurs. Les Ariens, comme tous les novateurs qui les avaient précédés, s'efforcèrent de gagner la foule

---

(1) V. les Histoires Ecclésiastiques de Rhorbacher et de l'abbé Darras.— M. Revillout, professeur à la Faculté des lettres de Montpellier, a résumé avec autant de clarté que de précision la doctrine d'Arius.— De l'arianisme des peuples germaniques. II, 35.

à leur cause. A l'exemple de Bardesane et des Gnostiques, pour séduire plus facilement les masses, ils s'adressèrent à la poésie. Dès les commencements même de la lutte on vit paraître une sorte de poème ou de chant populaire intitulé *Thalie*, dans lequel les hérétiques exposaient leurs doctrines. Nous ne possédons plus le texte complet de cette composition. Mais, d'après les fragments que nous en a conservés saint Athanase, on peut constater que le ton en était solennel et mystique, et se rapprochait plutôt de la dialectique alexandrine que de la pompe orientale et biblique de la poésie syriaque (1). Condamné par le concile de Nicée, le poème d'Arius fut compris dans la sentence de Constantin ordonnant de livrer aux flammes et de détruire tous les ouvrages de l'hérésiarque (2); mais son influence avait été grande et funeste. Pour la contrebalancer, les écrivains catholiques publièrent à leur tour des réfutations populaires. Il n'en est point de plus célèbre que les hymnes d'Éphrem contre les *Scrutateurs* (3) et les poèmes du saint diacre sur la foi. On n'est pas d'accord sur l'époque à laquelle parurent ces ouvrages. Quelques-uns, sans doute, furent composés à Nisibe au milieu même des alarmes qu'excitaient les attaques répétées

---

(1) Athan. Patr. gr. XXVI. col. 20.

(2) On sait qu'Éphrem, comme les autres Pères de l'Église, désignait par ce nom tous ceux qui recherchaient avec une curiosité téméraire de nouvelles explications sur les mystères de la foi.

(3) Cf. Darras. Histoire de l'Église. Pontificat de saint Sylvestre.

des Perses (4). D'autres semblent avoir été publiés pendant les premiers temps du séjour d'Éphrem à Édesse (5). D'autres, enfin, peuvent être considérés comme le dernier fruit de la vieillesse de l'auteur, comme les derniers accents de son génie.

Pour bien comprendre la valeur et l'importance de ces poèmes, comme œuvre doctrinale, il ne faut pas perdre de vue le but dans lequel ils étaient écrits, les lecteurs auxquels ils s'adressaient, l'homme lui-même qui les composait. Éphrem n'a pas entrepris une réfutation particulière de l'arianisme; ce n'est ni Arius, ni les Aétius, ni les Apollinaristes, ni les Anoméens qu'il se propose directement comme adversaires; il n'hésite pas, il est vrai, à attaquer leurs systèmes, à répondre à leurs objections, lorsque l'occasion s'en présente. Mais l'ennemi qu'il poursuit sans relâche, c'est la tendance funeste des Orientaux à discuter, à dogmatiser; ce qu'il craint pour son peuple, c'est que celui-ci s'écarte de la soumission qu'il doit à l'autorité et à la tra-

---

(1) Les Ariens avaient des sectateurs à Nisibe. V. Carm. Nisib. III. pass. D'autre part, les discours sur la foi ont été composés pendant le séjour d'Éphrem à Nisibe, et ils développent les mêmes arguments que les hymnes sur la *Perle*. Il est donc permis de croire que ces dernières furent composées à Nisibe.

(2) Quelques-uns contiennent une allusion à l'entente prête à s'établir entre l'empereur et le clergé. Cet empereur ne peut être que Jovien. Ce serait donc vers l'année 363 qu'auraient été composées les hymnes dont nous parlons.

dition, qu'il se perde témérairement dans de vaines recherches sur l'essence divine, au lieu de s'en tenir à la foi humble et éclairée de ses ancêtres, qu'il fouille avidement les Livres Saints pour y chercher non un aliment à sa piété, à sa religion, mais, au contraire, des écueils et des scandales pour sa foi. Aussi la plupart de ces hymnes ne sont-elles que le développement de cette pensée reproduite sous les formes les plus variées : « Heureux celui qui croit, qui adore en silence, qui n'élève la voix que pour chanter les louanges divines, et ne cherche pas à approfondir la majesté insondable de la Trinité (1) ! » Éphrem s'attacha donc avant tout à chanter l'excellence de la foi et à démontrer en s'appuyant, d'une part, sur la faiblesse de l'homme, de l'autre, sur la distance infinie qui sépare Dieu de la créature, combien était périlleuse la tentative des novateurs qui, en dehors de l'autorité, essayaient de pénétrer les opérations de l'Être infini. C'est ce qu'il fit d'abord dans ses sept hymnes sur la Perle.

La Perle (2), fille des mers, dont aucune tache ne ternit la limpidité, toute transparente, toute

---

(1) S¹ Augustin, en parlant de ce même mystère de la sainte Trinité, explique comment doit se faire sur ce point, dans le chrétien, l'accord de la foi et de la raison. Éphrem se préoccupe surtout de la foi ; c'est elle seule qu'il invoque. — Cf. August. Ep. xx. Ad Consent.

(2) On n'a pas oublié le double sens de ce mot dans la langue syriaque ; perle signifie à la fois perle et parole ou Verbe. — Notre-Seigneur lui-même compare la foi à une perle.

lumineuse, représente par son origine mystérieuse et la pureté de ses rayons, la double génération du Verbe dans l'éternité de son Père, de Jésus-Christ dans le sein de la Vierge. La Perle, pour Éphrem, est aussi l'emblème de la foi. Comme elle orne le diadème des princes, ainsi elle pare l'âme du chrétien, elle l'embellit de ses feux, elle lui communique la véritable lumière que l'erreur ne parvient pas à voiler et qui rapproche de Dieu le pauvre comme le riche. Dans un pareil développement, c'est moins le docteur que le poète qui nous charme. Avec quelle grâce, quelle richesse d'imagination Éphrem ne fait-il pas briller devant ses frères la Perle aux purs reflets ? (1)

» Admirez, dit le saint diacre, la Perle, ce présent du Très-Haut ; c'est elle qui, se présentant au plongeur amoureux de sa beauté, d'elle-même est sortie des flots ! Image de la Lumière qui est venue frapper nos yeux, symbole du Soleil divin qui, devançant nos prières, nous a amené le jour, non celui que contemplent les sens, mais celui qui éclaire l'âme.

» L'artiste qui a donné son éclat à ta surface lumineuse, ô Perle, a voulu que nous reconnaissions en toi l'image de la foi, image où ne brillent point les couleurs de la peinture, image aux figures, aux emblèmes

---

(1) V. à l'appendice la traduction intégrale d'une de ces hymnes écrite en vers tétrasyllabiques. Nous en avons conservé soigneusement le rhythme, afin de donner une idée aussi exacte que possible de la grâce et du charme qu'ajoutait la mesure à la poésie d'Éphrem.

mystérieux ! Il a voulu reproduire en toi les traits de ton auteur, traits que le pinceau n'a point exprimés, mais qui sont figurés par ton éclat ! Tu n'exhales aucun parfum que nos sens puissent saisir ; mais tu nous fais respirer la délicieuse odeur des mystères divins ! Il n'y a rien en toi que les lèvres puissent goûter, et, cependant, combien est agréable ta saveur au palais de tous ceux qui te goûtent. Tu n'es pas non plus un breuvage : on ne peut t'offrir à celui qui est altéré, et, cependant, tu ouvres une source merveilleuse à tous ceux qui écoutent ce que l'on dit de toi ! (1) »

Quels sont donc les mystères représentés par la Perle ? Le poète prend soin de les expliquer :

« J'ai examiné attentivement la Perle, et je me suis aperçu qu'elle n'avait qu'une seule face. Rien en elle n'était en dehors de cette face et toute entière elle était face. Aussi, ai-je compris qu'elle était le type du Fils de Dieu, dont la divinité restera toujours au-dessus de nos recherches et de notre intelligence, puisque toute entière elle est lumière. Le brillant de la Perle et sa splendeur sans égale me représentaient cette nature supérieure, dont l'éclat n'est voilé par aucune ombre, dont la paix n'est troublée par aucune guerre. Sa merveilleuse blancheur était encore pour moi l'emblème du corps très-pur du Seigneur ; sa nature, une

---

(1) De Margar. v, 1.

et indivisible, attestait que la vérité, elle aussi, est une. Oui, je voyais en elle l'image de l'Église, représentée par l'origine immaculée de la Perle ; là, je voyais siéger le Fils de Dieu, et, assise aux côtés du Fils, sa mère, dont une nuée céleste avait été l'emblème, foyer d'où la lumière, issue de la lumière, a brillé à nos yeux ! »

Mais, si la Perle renferme les mystères, si cette fille du soleil nous parle dans son silence, si cette lyre sans voix a cependant de merveilleux accents, ces accents ne sont que ceux de la foi et de la prière. La Perle nous apprend à croire ; elle nous apprend aussi à nous taire ; c'est ainsi qu'elle nous parle :

« Je suis la fille de la mer immense ! j'apporte, enfermé dans mon sein, un trésor, le trésor des secrets de l'Océan qui m'a engendrée.

» Quant à vous, parcourez les flots qu'il vous a été donné de parcourir, respectez votre Seigneur, n'essayez point de sonder l'Océan de la divinité.

» J'ai vu les plus exercés des plongeurs se précipiter après moi dans cette mer, mais ils sont remontés aussitôt, effrayés par la profondeur des flots ; ils se sont rejetés tout tremblants sur la terre, incapables de supporter même un seul instant le frémissement de la mer. Qui donc pourrait séjourner dans l'abîme de la divinité, et, plongeur patient, en scruter les profondeurs ? (1) »

---

(1) De Magar. v, 1.

La nature se transformait sur la lyre d'Éphrem en interprète de la divinité. Il y a bien quelques rapports entre les instructions poétiques, dont une simple perle fournissait le sujet, et les discours de cet autre poète, François d'Assise, qui, lui aussi, puisait ses développements dans le spectacle de la nature. Éphrem est plus solennel, François d'Assise, plus simple et plus touchant. Éphrem instruit l'intelligence ; François parle davantage au cœur. Il y a quelque chose de plus spontané dans les poésies de François, quelque chose de moins pénétrant et de plus inattendu dans saint Éphrem. Le premier, s'arrêtant devant une simple fleur, devant un insecte, y reconnaît avec amour une créature de Dieu ; le second, saisissant une perle sur le rivage de la mer, y contemple avec admiration les merveilles de l'infini. L'un et l'autre poète a su parler à son peuple la langue qui lui convenait : mystique et brûlante de piété chrétienne, telle est la poésie de François d'Assise, qui porte l'âme à Dieu ; majestueuse et imposante, celle d'Éphrem, qui maintient l'homme à une respectueuse distance de l'Éternel.

Éphrem, dans ses hymnes sur la Perle, avait vanté l'excellence de la foi. Il avait proclamé, non-seulement devant les chrétiens, mais encore devant les Gentils et les Juifs, l'excellence de ce don communiqué aux hommes par le Messie, réponse indirecte aux tentatives de Julien pour ressusciter tantôt le paganisme, tantôt le judaïsme. Mais quand les débats, au lieu de cesser à la mort du neveu de Constance, reprirent avec plus de violence que jamais, le poète, détournant ses regards des Juifs et des Gentils, se retourna contre les seuls Ariens. Ce fut alors qu'il déploya toutes les ressources de son génie pour retenir et encourager son peuple dans la vraie foi, pour le maintenir ferme et inébranlable dans ses anciennes traditions. Les erreurs se multipliaient au sujet de la paternité du Père, de la divinité du Fils, de l'humanité de Jésus-Christ, de la procession de l'Esprit-Saint. Princes, évêques, prêtres et simples fidèles discutaient avec passion; le désordre était à son comble. Troublé par ces clameurs, poursuivi jusque dans sa grotte par le bruit de ces querelles, Éphrem accourut au secours de l'Église. C'est alors qu'il composa ses 73 hymnes contre les scrutateurs (1), hymnes qui assurent à Éphrem une place remarquable parmi les grands docteurs qui défendirent la foi de Nicée. L'argument, développé dans la plupart de ces poésies, est celui que nous avons indiqué plus haut. Le chrétien ne doit pas chercher à approfondir les mystères qui dépassent sa raison. Malheur à celui qui, présumant trop des forces de son intelligence, ose, être borné, sonder l'infini ! Malheur à celui qui use de sa parole pour exciter des discussions inutiles et scandaleuses :

« Heureux, dit le poète, celui qui a fixé devant

---

(1) Publiés par Assemani, d'après le manuscrit syriaque du Vatican. Ed. Rom. III, 1. Traduits par D. Morris, Londres.

ses yeux le pur miroir de la vérité, et qui, contemplant Votre génération, ô mon Dieu, a compris qu'elle renfermait un secret inexplicable, une impénétrable obscurité !

« Heureux celui qui a entouré ses oreilles du silence comme d'un retranchement, et a pris garde qu'il ne fût renversé par les disputes des sophistes combattant contre Vous !

» Heureux celui qui a cherché, dans la retraite, des ailes pour son âme et, apprenant que les choses divines étaient un sujet de dispute sur la terre, a abandonné celle-ci et s'est envolé vers les cieux !

« Heureux celui dont la lyre module les chants de David et y découvre les sens cachés que personne ne pourrait expliquer, les mystères dont la raison humaine ne peut obtenir l'intelligence !

» Heureux celui-là, quel qu'il soit, qui, au milieu des disputes téméraires de la place publique sur la génération divine, a cru préférable de se taire plutôt que de dire ce que personne ne peut comprendre ! (1) »

Il y a, dans ces exhortations, quelque chose de plus qu'une conviction profonde des maux excités par la manie des discussions théologiques. Éphrem, Syrien de naissance et de cœur, signale plus d'une fois à ses frères la désastreuse influence de la philosophie grecque.

---

(1) Adv. scrut. III.

Il s'emporte contre les subtilités de rhéteurs. C'est là, dit-il, le ver rongeur qui a détruit l'arbre de la foi. En vain l'apôtre saint Paul après avoir prouvé aux Athéniens qu'il possédait à fond leur propre science leur a exposé la vérité. Les Grecs ont repoussé ce remède comme un mets que leur estomac malade ne pouvait supporter; l'habitude invétérée de discuter sur tout a engendré en eux le dégoût et, pour confirmer sa parole, Éphrem trace le portrait satirique de ces hommes que la moindre discussion enflamme, remplit de colère et arme les uns contre les autres (1).

Éphrem, nourri dans la lecture des Livres Saints, accoutumé à la grandeur et à la majesté des descriptions bibliques, ne peut supporter la froide et subtile métaphysique des Grecs. Devant le Dieu tout-puissant, éternel, infini, auteur de la vie, que lui ont révélé Moïse et les Prophètes, l'humble diacre ne sait que se prosterner et adorer. Il s'indigne contre la science humaine qui désire davantage et voudrait connaître ce que les anges eux-mêmes sont forcés d'ignorer :

« Des milliers de milliers sont debout devant lui : et des millions de millions accomplissent ses ordres, et

---

(1) « Apostolus urbem Græcorum matrem ingressus Græcis *Græcanicæ* sapientiæ scita produxit, se ista minime ignorare docens : postquam autem victi, victori arma cesserunt, veritatem coram exposuit : at illi positam medicinam nauseante velut stomacho repulerunt ; fastidium peperit morbus disceptandi inveteratus quo tum etiam laborabant. » — Adv. scrut. XLVII.

ni les milliers ni les millions ne peuvent approfondir la majesté de Celui qui est assis ! Ce n'est que dans le Silence qu'ils attendent ses volontés ! (1)

» Nul ne partage son trône, si ce n'est Celui qu'il a engendré ; et c'est dans le silence que s'accomplit cette communication ! Et s'il arrive que les serviteurs approchent pour contempler la majesté, sitôt qu'ils atteignent le silence, ils arrêtent leurs pas !

» A qui donc sera-t-il donné de fixer les yeux sur le Fils unique, entouré d'un éclat redoutable ? Il est le Soleil que les Prophètes antiques ont annoncé dans leurs oracles. Il se voile pour ceux qui l'aiment : dans ses ombres se trouve le bonheur ; mais ceux qui veulent le pénétrer n'éprouvent que peine et douleur !

» Quoi ! les mains de l'homme pourraient te toucher, Toi que l'effort le plus pénétrant de l'intelligence ne peut atteindre ! Nous nous efforcerions de te gravir, ô

---

(1) « Ô Dieu, tout est également grand en votre nature. Les esprits les plus épurés ne peuvent soutenir la splendeur de votre visage. S'il y a quelque endroit en vous par où vous sembliez vous rapprocher d'eux davantage et qu'on puisse, par cette raison, appeler vos pieds, ils le couvrent de leurs ailes et n'osent le regarder. De six ailes, ils en emploient quatre à se cacher à eux-mêmes votre impénétrable et inaccessible lumière, et adorer l'incompréhensibilité de votre Être, et il ne leur reste que deux ailes pour voltiger, si l'on ose dire, autour de vous, sans pouvoir jamais entrer dans vos profondeurs, ni sonder cet abîme immense de perfection devant lequel ils battent à peine des ailes tremblantes et ne peuvent presque se soutenir devant vous. » *Bossuet.* Élévations sur les mystères. IVe semaine, 1re Élévation.

Montagne à la hauteur immense ! Nous approcherions notre oreille pour entendre tes paroles, Toi dont la voix est plus forte qu'aucun tonnerre quelqu'effrayant qu'il soit !

» En vérité, tu es silence, et nos oreilles ne peuvent t'entendre ! Ta voix résonne, mais notre ouïe n'en distingue point les sons ! L'homme mortel ne peut te voir, ô Lumière éclatante ! Notre œil ne peut te contempler ! (1) »

Toutefois, cette majesté impénétrable en son essence se manifeste par ses œuvres. La nature offre aux regards du chrétien un spectacle capable d'édifier sa foi. Elle lui présente chaque jour, dans le travail qui s'opère en elle, dans les éléments qui la constituent, une image affaiblie du Dieu unique en trois personnes. Le soleil qui est à la fois un astre, un centre de lumière, un foyer de chaleur (2), le grain qui contient en lui-même la racine, la tige et le fruit sont des symboles de la Trinité. L'air, la mer, le soleil, le premier remplissant tout, la seconde aux flots sans fin, le troisième éclairant l'univers, représentent la Divinité qui est en tout et partout. Le soleil et son éclat, l'un produit par l'autre, invisibles et égaux sont le type de la génération divine du Verbe. Le diacre d'Édesse insiste sur ces comparaisons fami-

---

(1) Adv. scrut. IV, 1, 3.
(2) Ibid. XL. LVII. LXXIII.

lières aux autres Pères de l'Église et que Bossuet lui-même, dans sa haute raison, n'a pas dédaignées (1). Mais ce qui est plus personnel à Éphrem, ce sont les explications fréquentes des passages controversés de l'Écriture, l'interprétation tantôt littérale, tantôt mystique, des appellations dont Dieu s'est servi dans l'Écriture pour désigner les trois personnes de la sainte Trinité (2), les commentaires pieux qui accompagnent le texte sacré. Les hymnes d'Éphrem deviennent alors de véritables soliloques dans lesquels l'âme du solitaire se plaît à développer le sens mystérieux de la parole divine. Ce sont des élévations sur les mystères faites par un poète du IV⁰ siècle.

Là se rencontrent, comme dans l'œuvre de l'évêque de Meaux, une science approfondie de l'Écriture, une intelligence exquise des richesses littéraires qu'elle renferme. Bossuet a partagé l'admiration d'Éphrem pour Moïse, qu'il appelle volontiers l'homme divin. Au contact de l'écrivain sacré, le grand théologien s'est senti poète. Solennité de ton, coloris des descriptions, aspirations vers la beauté suprême suivies d'humbles retours sur soi-même, vivacité du style caractérisée par des apostrophes soudaines, des images inattendues, de rapides successions de pensées et de

---

(1) Élévations sur les mystères. II⁰ Semaine, II⁰ Élévation.

(2) Tertullien avait déjà résolu tous ces doutes dans ses traités contre Praxéas et Hermogène.

sentiments, tout, sauf la mesure du vers, se réunit dans les pages de Bossuet pour en faire des morceaux achevés de poésie lyrique. Éphrem s'abandonne aux mêmes mouvements : après avoir vénéré les splendeurs de l'Éternel, il se réfugie avec amour auprès de l'Homme-Dieu. Autant son respect est profond pour l'auguste Divinité, autant est grande sa tendresse pour Celui qui a voilé sa gloire en se revêtant d'humanité, en souffrant pour ·nous, en se faisant victime perpétuelle sur nos autels. Il est telle de ses hymnes que l'on dirait avoir été soupirée par une âme cachée au fond d'un cloître. A ceux qui prétendaient que l'humanité de Jésus n'était qu'une apparence ou qui soutenaient que la divinité n'y était pas unie, Éphrem répondait par des cantiques d'amour, témoignage éclatant de la foi populaire au Sacrement de nos autels (1).

La poésie d'Éphrem diffère encore de celle de Bossuet par son caractère militant. Éphrem ne sait pas contenir le dédain que lui inspirent les novateurs. Ce dédain se manifeste par des exclamations, des sarcasmes, des épithètes énergiques, quelquefois violentes. Que si les princes se font les soutiens de l'erreur, la foi du saint vieillard n'en sera pas ébranlée. Éphrem comprend qu'en certaines circonstances le silence serait criminel. Il connaît trop son devoir de docteur pour se laisser aller à de lâches

---

(1) Adv. scrut. x.

complaisances. Il a été baptisé au nom du Père, du Fils et du Saint-Esprit. Ces trois noms sont le sceau de sa foi. Il n'y renoncera jamais.

« Je défendrai ma foi, s'écrie-t-il, contre l'hérésie qui vient de naître, qui croit au Père et renie le Fils unique. Et puisque les scrutateurs ont occupé *les hauts lieux* je défendrai ma foi dans l'*humble citadelle de la vérité !*

» Je me suis approché du Père. Lui-même se désigne de son propre nom. De là, je me suis rendu près du Fils. Celui-ci, par son origine, manifeste ses relations avec son Père, de même que l'Esprit-Saint déclare sa sainteté par son nom. Toute foi qui n'a pas été marquée de ce signe est une erreur.

» S'il en résulte quelque dommage pour nous, supportons-le résolûment. Qu'on violente notre âme, qu'on brûle notre corps, qu'on nous arrache la vie, nous y sommes décidés, nous ne cèderons devant aucune souffrance.

» La foi est le trésor qui contient la science des choses divines, la voix du docteur est la clé de ce dépôt, sa langue en est la dispensatrice ; jamais la foi ne s'est tue, jamais elle n'a cessé de faire entendre à son peuple la parole de vérité : semblable au clairon, la foi hait le silence.

» Et de même que celui-ci ne contient pas ses accents dans l'intérieur des maisons, celle-là ne se contente pas de murmurer à voix basse dans le secret du sanctuaire! O prodige! Il existe un arbre perpétuellement orné de son unique fruit. Cet arbre, c'est la Foi! D'elle sort un fruit unique, l'unique vérité! Pour moi, je ne souffrirai jamais que ma bouche étouffe ma foi sous le silence, ou que mes lèvres, comme des lèvres retenues par le frein, hésitent à la confesser.

» Je vous offre, ô Seigneur, ma profession de foi, comme l'hostie de mes lèvres! Recevez ces fruits que pour Vous j'ai détachés des rameaux de cet arbre, qui n'est autre que moi, fruits de mon silence, fruits de de mes paroles! (1) »

Ainsi, se taire en ces moments de trouble et d'égarement, c'était, selon la pensée d'Éphrem, trahir les intérêts de la vérité. On sait que saint Basile eut à supporter ce reproche et qu'il en fut vivement contristé (2). Le religieux inconnu, qui faisait un crime à l'archevêque de Césarée de compromettre la foi chrétienne par un silence qu'il jugeait intempestif, avait peut-être entendu ces autres paroles d'Éphrem :

« Malheur à nous si, distraits par les disputes des novateurs, nous restons spectateurs oisifs devant la foi en péril. Nous serons condamnés comme des travailleurs inutiles qui, oublieux de la culture de

---

(1) Adv. scrut. XIII.
(2) Bas. Ep. CCXXXIV. — V. M. de Broglie : l'Église et l'Empire, III, partie II, épiscopat de s^t Basile.

leurs champs, se laissent aller au sommeil. Il est vrai qu'aujourd'hui beaucoup de chrétiens dissimulent leur foi. Les insensés ! Ils craignent de souffrir s'ils la confessent et ils l'étouffent dans le silence. La foi vit dans leurs cœurs : elle dort sur leurs lèvres. Si la prière fuit les témoins et recherche le silence, la foi, au contraire, se promène sur les places publiques et triomphe en plein jour. Malheur à celui qui cache sa religion ! En vérité, il serait meilleur pour lui de se voiler la face (1). »

Quant aux tortures corporelles auxquelles s'exposent les chrétiens en défendant leur foi, que sont-elles en échange des grâces que recevra leur âme ? La souffrance purifie l'âme : c'est par la croix que l'on marche au salut. Au milieu d'enseignements si graves, le ton du poète passe du sublime au gracieux et, pour charmer son peuple, Éphrem s'attarde un instant à de naïves et aimables comparaisons :

« Si l'oiseau, qui dans son vol figure la croix, vient à replier ses ailes, l'air qui le portait le repousse et ne veut plus le soutenir à moins que, reprenant leur première figure, les ailes étendues ne symbolisent la croix.

» Si le matelot, dont la nef fend les mers représente le mystère de la croix ; si, croisant les antennes il laisse la voile s'enfler sous le vent, l'onde s'ouvre

---

(1) Adv. scrut. XVI, in fine.

devant l'esquif qui s'avance marqué du signe de la croix !

» Le simple aspect d'un navire condamne le Juif qui, de sa propre main forme le signe de la croix, et l'imprime à son embarcation ! Et quant aux marins, même à ceux qui ne connaissent pas la vraie religion, la mer leur obéit quand ils recourent à la croix !

» Si le Juif, celui-là même qui a mis en croix, ne dispose pas les vergues sur le mât pour en former la croix, s'il ne leur attache pas les voiles ainsi que le suaire au corps, son navire chancelle.

» Salut à toi, voile aux blancs replis, à toi, type du corps du Seigneur, à toi, qui ne retiens pas prisonnier le souffle qui te remplit !

» O souffle du ciel ! toi qui remplis la voile du marin, tu es l'image de l'Esprit divin, qui remplira nos corps et les délivrera des atteintes de la mort ! (1) »

Du reste, ces exhortations au courage, ces conseils de sainte résistance à la volonté injuste des persécuteurs sont rares dans les hymnes d'Éphrem. Le poète déplore bien plus souvent les luttes intestines qui déchirent l'Église. Il en rougit pour la religion chrétienne ; il leur attribue tous les maux qui ont envahi l'empire :

« Les savants n'ignorent pas, remarque le saint diacre, que quelquefois des discordes se sont élevées

---

(1) Adv. scrutat. xxviii.

entre les païens touchant la religion ; mais ces discordes n'ont jamais soulevé l'univers ; jamais personne ne s'en est affligé comme d'une calamité publique.

» Nous éprouvons un sort tout contraire. Sitôt qu'elle a pris naissance, la querelle qui s'élève aujourd'hui au sujet du Fils, les empereurs ont frémi ! Les peuples, les foules elles-mêmes ont été livrées au tumulte. Les païens, à la vue de ces discordes, ont tourné notre religion en mépris (1). »

« Ah ! dit-il ailleurs, quel est celui qui ne reculerait pas d'effroi au spectacle des déchirements qui nous affligent aujourd'hui ? Partout la désolation ! Partout le sacrilége ! Les dissensions criminelles et les disputes impies fermentent sur les places publiques. Les villes se déchirent en factions rivales. L'empire est en lambeaux. Le parvis résonne du cliquetis des armes. Les femmes elles-mêmes disputent contre les femmes. Les hommes contre les hommes, les princes contre les prêtres ! L'univers entier est bouleversé ! (2) »

La cause du mal, Éphrem l'a déjà signalée dans la licence des doctrines, produite par le libre arbitre égaré, et servie par une funeste facilité de paroles :

« Les discordes sont nées de la liberté d'opinions, fruit du libre arbitre. Des âmes abjectes ont mis en avant, pour excuser leur conduite, le zèle de la

---

(1) Ibid. xxxix.
(2) Adv. scrut. LIII, 1.

vérité. En réalité, elles ne désiraient que les premières places. Sous le masque de la vérité, elles ont pu séduire plusieurs compagnons, et quand le nombre des adeptes s'est accru, alors les chefs de la secte se sont fait entendre des princes. Les uns après les autres ont été entraînés dans l'erreur : généraux, tribuns, centurions, décurions. La paix et l'indolence ont multiplié les séditieux ; ils ont formé plusieurs troupes qui cherchent mutuellement à se détruire, à s'enlever leurs soldats pour accroître leurs rangs. Ils manient les discussions comme une arme. Les frères s'élancent contre les frères et se percent de traits ! Hélas ! triste spectacle ! La langue est devenue un glaive. Elle est le fer qui frappe et renverse. Et parce que le sang ne coule pas dans cette lutte, on ne l'a pas en horreur ; le lâche ne tremble pas devant ces armes. L'aveugle lui-même sait frapper de la langue et ne s'inquiète pas des plaies que produisent ses coups ! (1) » Il est encore une autre raison de tous ces maux, une raison qui relève du surnaturel, et que saint Éphrem ne passera pas sous silence : l'intervention du mauvais esprit, du tentateur. Le *mauvais* a vu la défaite de l'idolâtrie. Malgré lui, l'âme humaine a été rendue, par le baptême, à sa première innocence. La haine de Satan a été cruellement trompée. De là, les nouveaux efforts de l'Esprit déchu pour entraîner l'homme dans l'abîme. Éphrem

---

(1) Adv. scrut. LVIII.

assiste à l'œuvre nouvelle de destruction, entreprise par le tentateur. Il le voit, il l'entend s'agiter autour de lui ; il le montre du doigt à ses frères hésitants entre la doctrine de l'Église et celle de l'hérésie.

« Ah ! si le démon vient vous aiguillonner, vous pousser à des recherches téméraires sur le Sauveur, chassez-le !

» Hors d'ici, lui direz-vous, Esprit impur ! Fuis
» dans ton repaire, où tant de mystères s'offrent à ta
» curiosité ! Apprends d'abord à connaître les crimi-
» nels de lèse-majesté divine, les anges précipités du
» ciel, tes complices ! Passe en revue les âmes des
» condamnés qui firent alliance avec toi ! Parcours,
» après cela, ton séjour de tortures ! Mesure en tous
» les sens le brasier que l'Éternel a allumé pour toi !
» Explore soigneusement les régions ténébreuses et
» sonde les tempêtes réservées à toi et aux tiens ! (1) »

De telles paroles peignent un peuple et une époque. Nous sommes bien dans des temps de troubles et de révolutions religieuses, au milieu de chrétiens à la foi ardente, vivants dans l'atmosphère de surnaturel et d'exaltation mystique, où les a transportés leur récente conversion, où les maintient le tumulte effrayant des guerres civiles et des invasions barbares qui s'annoncent. C'est le moment où les fidèles s'enfuient dans la solitude pour y lutter corps à corps avec les esprits

---

(1) Adv. scrut. LVIII.

des ténèbres et y attendre dans la pénitence les catastrophes dont les sinistres présages se multiplient rapidement. Dieu est sur le point d'exercer ses vengeances. Les premiers coups qu'il a frappés ont retenti dans l'Osrhoène. Éphrem, comme le pilote en face de la tempête qui approche, dicte à chacun ses devoirs. Le peuple doit s'attacher à l'Église, respecter les traditions, éviter les novateurs, croire, dans la simplicité de sa foi, aux enseignements de ses pasteurs. La fonction du prêtre est de prier, d'éclairer les princes, de ramener partout la concorde. Reste encore le poète, élément indispensable de cette société religieuse, le poète improvisateur, qui chante dans le temple, explique l'Écriture, célèbre les vertus des saints, éclaire les consciences. Éphrem, la personnification la plus accomplie de cette poésie, connaît mieux que tout autre la grandeur de sa mission. Il n'ignore pas combien sa tâche et celle de ses disciples devient délicate, par suite des circonstances difficiles où se trouvent placées l'Église et la patrie. Il veut donc que le poète chante, ainsi qu'il l'a fait lui-même. Mais dans quelles conditions, dans quel but, avec quels ménagements, il va nous le dire lui-même. Parmi ses hymnes contre les Scrutateurs, il en est une probablement destinée aux jeunes disciples (1) qui se formaient à son école. Elle

---

(1) Plusieurs fois, Éphrem s'adresse aux jeunes gens. Il avait à lutter, dans cette œuvre d'éducation, contre l'influence de Bardesane et des études grecques que celui-ci avait mises en honneur. Aussi, se plaint-il que l'hérésiarque ait eu surtout en vue de détourner la jeunesse de la vraie doctrine.

résume fidèlement le rôle rempli par le diacre-poète en ces heures funestes pour l'Église :

« Allons ! Chante, ô lyre ! Que le silence soit désormais ton ennemi ! Mais ne chante que ce qu'il est permis de chanter, si tu ne veux pas t'attirer l'indignation des hommes modestes et pieux !

» O enfant, purifie ta lyre, c'est-à-dire ton âme, et si quelque souillure lui est restée après le combat, hâte-toi de la faire disparaître. Prends garde qu'elle ne chante quelque chose qui ne serait qu'à toi. Ce qui nous perd, c'est que chacun de nous s'aime lui-même. Oui, prends garde que l'amour d'une vaine gloire n'inspire les vers qui résonnent sur ta lyre. Tu croirais t'enrichir, tu n'en serais que plus indigent !

» La passion des disputes a peut-être troublé l'accord de ton instrument ; ramène à l'harmonie ces cordes dissonnantes ; ramène à l'harmonie ce chant égaré dans les régions trompeuses des vaines discussions !

» Présente-toi d'abord devant l'Éternel ; essaie de chanter les louanges divines. N'es-tu pas une lyre, lyre vivante et spirituelle, dont les cordes et les modulations sont douées de volonté. Heureux es-tu toi dont la raison, aidée par la volonté, peut chanter à son Dieu un cantique mélodieux !

» Prépare d'abord ton âme, et puis chante-nous ! Mais ne fais point revivre dans tes chants ces questions dont tout le monde dispute ; chante-nous la vérité, et non des secrets qu'il nous plaît d'ignorer. Ne rougis pas de devenir le disciple de ceux qui enseignent les mystères chantés par le Révélateur ; ne rougis pas de les chanter à haute voix.

» Que tes paroles soient irrépréhensibles ! Pèse chacun des mots qui sort de tes lèvres. Mesure dans la balance chacune de tes pensées. Accoutume-toi à chanter de manière à ne jamais être repris. Fais en sorte, ô mon fils, que ton cantique soit utile et agréable aux serviteurs de ton Maître, et Celui-ci récompensera largement et avec abondance tes généreux travaux. Prends donc garde que tes cantiques ne répandent au loin des semences de discordes. Prends garde de troubler par tes questions la concorde de tes frères. Prends garde d'introduire un glaive, c'est-à-dire la passion des disputes dans les réunions de ce peuple plein de simplicité, accoutumé à confesser avec candeur la foi qu'on lui a enseignée. Oui, prends garde d'injurier le Seigneur, en voulant l'honorer, et de chanter, séduit par l'erreur, ce que tu dois respecter.

» Chante au fils de David le cantique de David. Apprends du Père quels noms conviennent à Celui qu'Il a engendré : appelle Celui-ci Seigneur et Fils : garde-toi d'opposer effrontément le Père au Fils. Ne fais pas rejaillir sur le Père les injures que l'on adresse au Fils, et sur le Fils les opprobres lancés contre le Père dont les impies osent nier la paternité. Le Père est le premier par ordre ; cela ne peut être discuté : de même, l'on ne saurait en douter, le Fils est le second, et l'Esprit-Saint, le troisième. Gardez-vous d'intervertir cet ordre. C'est pourquoi, ô frères, baptisez et enseignez en ces trois noms : au nom du Père, du Fils et du Saint-Esprit. Ne placez pas le nom du Père après celui du Fils. N'allez pas confondre l'ordre et la succession des personnes : mystère insondable, abîme sans fin, cachés dans les profondeurs du silence. Modulez vos psaumes, loin de cet impénétrable sanctuaire.

» Prenez garde que votre langue ne soit le pont destiné au passage de toutes les erreurs inventées par la foule. Offrez à Dieu la dîme de vos chants : offrez-lui la gerbe choisie des pensées de votre intelligence. Que les hymnes pieuses soient les premiers fruits détachés en son honneur ! Vignerons du Seigneur, présentez-lui vos psaumes. Croyez-le, votre langue est le cep fécond, et l'hymne, la grappe qu'il tient suspendue (1). »

Éphrem donna l'exemple de la prudente activité qu'il recommandait à ses frères. Ses hymnes sur les scrutateurs, dans lesquelles il fait face à tant d'adversaires réunis, resteront au nombre des monuments les plus précieux, élevés en l'honneur de l'Église, par les docteurs du IVe siècle. Simples et fidèles exposés de la doctrine chrétienne, affirmation de la foi populaire, elles apprirent aux Syriens à redouter les excès des novateurs, à se garder avec soin des discussions

---

(1) Adv. scrut.

stériles, propres à énerver la religion. Sous une forme souvent gracieuse, presque toujours éloquente, elles firent entendre aux chrétiens de sages et salutaires conseils. De plus, elles nous donnent l'idée la plus avantageuse du grand sens politique dont était doué saint Éphrem. Quand le saint diacre combattait avec autant de courage les erreurs qui croissaient et se multipliaient dans sa patrie, il était plus que théologien, plus que poète. Il apercevait, dans le lointain, les maux que devait attirer sur son peuple bien-aimé cette tendance fatale à dogmatiser. Ne soyons donc pas surpris de son insistance à réclamer la paix, de son zèle à maintenir l'unité dans les croyances, des supplications touchantes et mille fois répétées par lesquelles il conjure les fidèles de ne pas s'écarter de la voie suivie par les premiers chrétiens. Sur son lit de mort, il jettera un dernier cri d'alarme. Il résumera, en une dernière parole, ses hymnes contre les hérésies. « Attachez-vous inébranlablement à la foi (1), » dira-t-il à ses frères. Sans doute, il pressentait les calamités, suite inévitable d'un schisme. Il devinait peut-être que son peuple mûrissait pour l'esclavage. Comme les grandes intelligences que Dieu place à la tête de leur siècle, il prévoyait l'avenir et dans les causes où elles n'étaient qu'en germe, il distinguait déjà les tristes révolutions des temps futurs.

---

(1) « In meà igitùr, doctrinâ, permanete discipuli, et à meâ ne desciscatis fide. » Test. Eph.

CHAPITRE IV

SAINT ÉPHREM ET LA LITURGIE

Hymni in *Natalem Domini.*—Necrosima. — Assemani ii, 396 et sqq.; iii, 225 et sqq. Carmina Nisibena. xxxv-lxx.

Notre étude ne serait pas complète si nous ne consacrions quelques pages aux hymnes liturgiques de saint Éphrem. Elles seules ont mérité longtemps au diacre d'Édesse le titre de poète. Conservées par la vénération des Syriens, on les chante encore aujourd'hui. On peut dire d'elles ce que disait Tite-Live des harangues du vieux Caton : « Non - seulement leur éloquence vit encore, mais elle n'a rien perdu de son éclat (1). » Dans ses autres poèmes, Éphrem, identifié à son Église, nous l'a montrée luttant tour à tour contre

---

(1) « Nec is tantum, cujus lingua vivo eo viguerit, monumentum eloquentiæ nullum exstet : vivit, imo, vigetque eloquentia ejus, sacrata scriptis omnis generis. » *Tite-Live,* xxxix, 40.

l'étranger, le schisme et l'hérésie. Ici, les traces de la lutte ont presque disparu. L'Église est en adoration devant son Dieu. Elle chante ses mystères; elle sollicite ses grâces; elle humilie devant la divinité notre nature mortelle et pécheresse. C'est la vie de la grâce dont elle redit les épreuves, ennoblit les consolations, prépare l'épanouissement. L'harmonie extérieure du style, le rhythme, la cadence ne constituaient pas l'unique attrait de ces poèmes. Ils étaient encore relevés par les modulations du chant et l'accord des instruments de musique.

« Sachant, nous disent les Actes, combien était vif le goût des habitants d'Édesse pour la musique et le chant, et désireux de les détourner des divertissements profanes, Éphrem forma des chœurs de vierges et leur apprit des odes toutes pleines de pensées sublimes sur le baptême, le jeûne, la résurrection, la passion, l'ascension de Notre-Seigneur. Il y ajouta des hymnes sur la pénitence, sur les martyrs et les défunts. Les jeunes filles consacrées à Dieu se rendaient à l'Église aux fêtes solennelles du Seigneur, aux panégyriques des martyrs, et tous les dimanches de l'année, Éphrem, semblable à un père, se tenait au milieu d'elles, et, comme un chef de chœur, en même temps qu'il dirigeait les voix, il surveillait les accords des instruments (1). »

---

(1) Act. xxxvi.

Certainement, les hymnes d'Éphrem, ainsi accompagnées, devaient produire un effet que la lecture ne peut rendre. De même, quand on les psalmodiait, leur mélodie grave et monotone convenait admirablement aux contrées où elles avaient pris naissance et dont les horizons ont des lignes si vastes, si pures, si paisibles dans leur tranquille majesté. Plus d'une fois, un de nos plus illustres poètes, Lamartine, s'arrêta recueilli, sur les pentes du Liban. Il écoutait, plein d'émotions religieuses, l'harmonie solennelle des prières syriaques, s'échappant à intervalles réguliers des couvents maronites, ou de l'humble cabane servant d'église aux Arabes chrétiens (1). Mais nous ne pouvons nous attarder sur ce mérite réel de la poésie d'Éphrem, trop fugitif et trop vague, et qui appartient plus encore à la sensibilité qu'à l'intelligence. Notre étude doit porter sur le fond de ces hymnes. Nous les envisagerons exclusive-

---

(1) « Tout à coup, comme une plainte douce et amoureuse, un murmure grave et accentué par la passion sortit des ruines..... Ce murmure vague et confus s'enfla, se prolongea, s'éleva plus fort et plus haut, et nous distinguâmes un chant nourri de plusieurs voix, en chœur, chant monotone, mélancolique et tendre, qui montait, qui baissait, qui mourait, qui renaissait alternativement et qui se répondait à lui-même.

Rien ne nous avait préparés à cette musique de l'âme, dont chaque note est un soupir du cœur humain..... Nous fûmes frappés de saisissement, et nous accompagnâmes des élans de notre pensée, de notre prière et de toute notre poésie intérieure, les accents de cette poésie sainte, jusqu'à ce que les litanies chantées eussent accompli leur refrain monotone, et que les derniers soupirs de ces voix pieuses se fussent assoupis dans le silence accoutumé de ces vieux débris. » *Lamartine*. Voyage en Orient, II, p. 37. Ed. Charpentier.

ment comme œuvre littéraire, et nous verrons qu'elles ne sont indignes ni du ɪvᵉ siècle, l'âge d'or de la littérature chrétienne, ni du grand homme qui les composa.

L'élément principal du pathétique d'Éphrem, ce qui caractérise sa méthode de développement, c'est l'emploi multiplié des prosopopées, la forme dramatique qu'il donne à ses descriptions, la largeur du cadre dont il les entoure. Les personnages qu'il nous présente ne se contentent pas d'agir. Ils parlent, s'entretiennent entre eux ou avec le poète. Le contraste de leur caractère se retrouve dans leur langage, et cette opposition rend plus saisissante la scène auguste qui se déroule devant notre imagination (1). Ainsi, dans son hymne bien connue sur l'Épiphanie, Éphrem suppose un long et intéressant dialogue entre les mages, venus du fond de la Perse, et Marie, mère de Jésus. Les paroles de Marie font ressortir la foi des mages ; le langage de ceux-ci rend plus sensible l'humilité de Marie (2) : l'un célèbre la divinité du Messie ; les autres dépeignent les humiliations de l'enfant de Bethléem, et comme le Messie et l'enfant ne sont qu'une même personne, l'hymne du poète a toute la force d'une prédication dogmatique, sur la question alors si vivement

---

(1) V. le mémoire déjà cité de M. Dabas.
(2) In Nat. Dom., passim.

controversée, de l'union de deux natures dans la personne du Christ (1).

Éphrem ne se borne pas à mettre en scène les personnages principaux. Il introduit dans son drame d'autres acteurs, qui se groupent autour des premiers, les interrogent, leur donnent la réplique. Les hymnes sur la Noël renferment plus d'un exemple de ce genre.

---

(1) « *Marie.* — Il faut, étrangers, vous mettre en quête de ce roi, dont vous parlez, afin de lui porter vos hommages, car peut-être vous êtes-vous trompés, et le roi que vous cherchez est-il un autre.

Les mages. — Il faut, ô femme, nous en croire. Votre fils est roi, et nous avons été conduits par un luminaire qui ne peut s'égarer ; la voie qui nous a conduite est parfaitement droite.

Marie. — L'enfant est tout petit, et, vous le voyez bien, il n'a ni diadème, ni trône. Que voyez-vous donc en lui, que vous l'honoriez du don de vos trésors comme un roi ?

Les mages. — Il est petit, parce qu'il l'a voulu, parce qu'il se plaît à la mansuétude, à l'humilité, en attendant qu'il se révèle. Mais un temps viendra où les diadèmes se courberont devant lui et l'adoreront.

Marie. — Il n'a point d'armées, mon fils, ni de légions, ni de cohortes ; il est couché là dans la pauvreté de sa mère, et vous l'appelez un roi !

Les mages. — Les armées de votre fils sont là haut. Ses cavaliers parcourent le ciel comme des étoiles de feu, etc. » In Nat. Dom. (*Traduction Dabas*).

Comparons maintenant le poète à un grand orateur populaire, à saint Bernard, avec qui Éphrem a tant de ressemblance :

« Les mages suivirent la conduite de l'étoile et adorèrent le nouveau-né de la Vierge : — Que faites-vous, seigneurs-rois ? Que faites-vous ? Adorez-vous donc un enfant à la mamelle, dans une vile chaumière, et enveloppé de langes ? Est-il donc, cet enfant, un Dieu ? Dieu est en son saint temple et au ciel sur son trône ! Et vous le quérez ici, en une vile étable, et au sein d'une femme ! Que faites-vous de lui offrir de l'or ? Est-il donc roi ? Où est le royal palais et le siége royal ? Où sont cour et royal cortége ? C'est donc un palais qu'une étable ! » *Bern.* Serm. II sur l'Épiphanie.

Quand Éphrem, rappelant ces souvenirs, si chers aux chrétiens, a salué, par des acclamations répétées l'accomplissement de notre rédemption, il nous fait entrer dans l'étable de Bethléem, et là, en présence de l'enfant divin, nous entendons d'abord Joseph, le chef de la famille, puis Marie, la plus heureuse des mères. Les bergers leur succèdent, et, après eux, les laboureurs, les vignerons, les artisans, les vierges, les épouses. Nous suivons Jésus dans le temple pour y écouter Siméon, qui représente les vieillards, Anne, qui figure les veuves. Enfin, pour servir d'ombre à ces brillantes couleurs, le poète fait apparaître Hérode, et, derrière lui, dans le lointain, la synagogue, prête à se jeter sur son Dieu et à le dévorer (1).

Au milieu de tant de personnages divers, seule la majesté divine garde le silence. L'enfant dans la crèche, comme le Rédempteur sur la croix attirent tous les regards et délient toutes les lèvres. Le ciel et les étoiles, la terre et la mer, l'humanité entière est émue en leur présence et reconnaissent leur maître. La nature parle et Dieu garde le silence. Son acte est sa parole. Les anges qui approchent de la Divinité n'osent pas interrompre ce silence sublime. Éphrem les appelle *les silencieux* (2). Ils ne parlent que lorsqu'ils abandonnent

---

(1) In Nat. Dom. IV.

(2) « Concentu exciti novo convenêre silentes : silentium rupêre laudes nascentis Filii Dei. » Ibid. v.

les hauteurs du firmament et descendent sur la terre. Alors leur voix a l'éclat de la foudre. Il n'en est pas ainsi de Marie, la Vierge-Mère ! Elle représente l'humanité comblée des bienfaits de son Dieu, et se donnant à elle, en retour, dans des extases et des ravissements de bonheur. Aussi ne saurait-elle mettre un terme à ses épanchements.

Rien ne nous révèle mieux les secrètes tendresses d'Éphrem que les longs monologues de Marie devant le berceau de son enfant ou ses lamentations touchantes au pied du Calvaire. Il existe, depuis l'apparition de la poésie, au sein du christianisme, une classe de poètes particulièrement dévouée au culte de Marie. Elle eut pour la représenter, au moyen âge, saint Anselme et saint Bernard, au XVIIIe siècle, saint Liguori, au XIXe siècle, le R. P. Faber. Éphrem est l'aîné de cette famille ; si l'expression ne semblait pas trop profane, je dirais qu'il est le premier *trouvère* de la *Vierge*. Que l'on compare ses chants à ceux des derniers auteurs que nous venons de citer, et l'on sera agréablement surpris de voir, à tant de siècles d'intervalle, les mêmes sentiments, les mêmes effusions, les mêmes délicatesses de pensées et d'amour éclore dans l'âme de trois génies si différents (1).

---

(1) Dom Guéranger, dans son année liturgique (temps de Noël), a mis successivement sous nos regards ces diverses poésies, ce qui permet aux lecteurs de les comparer entre elles et d'en apprécier l'unité de fond aussi bien que la différence de forme.

On pourrait encore rapprocher les hymnes d'Éphrem des vieux noëls qui charmaient les veillées de nos pères. Non que dans les poésies d'Éphrem on sente, comme l'affirme M. Dabas, le parfum des bois : ce n'est pas le sentiment naïf et délicat des grâces d'une nature champêtre que l'on rencontrera dans les œuvres du diacre syrien. Noël pour nos aïeux était la plus populaire des fêtes. Le Christ naissant pauvre et humilié dans une étable avait ennobli tout d'un coup le travail, la pauvreté et le malheur. Noël! Ce seul mot résume la grande révolution sociale qui transforma la société païenne et ne fit qu'une seule famille de ceux qui se divisaient autrefois en oppresseurs et en opprimés. Le peuple célébrait dans Noël sa propre fête. Le Dieu qu'il chantait en ce jour était le Dieu né dans ses rangs, fils d'un humble ouvrier, environné de bergers pour premiers adorateurs. La Noël entourait, comme d'une auréole de gloire, l'obscurité du pauvre, et celui-ci, pour marquer sa reconnaissance, répétait des cantiques aussi naïfs que sa foi, imprégnés de la simplicité de ses mœurs et du parfum des champs qu'il habitait. Les hymnes d'Éphrem ont moins de laisser aller et d'abandon ; la joie y est plus réservée. Elles ressemblent cependant encore à un chant de délivrance. Éphrem appelle autour de la crèche les malheureux sans distinction aucune, quelles que soient leurs souffrances ou leurs infortunes. Il leur promet le soulagement de leurs peines. Il a des attentions spéciales pour ceux que leur naissance a déshérités des biens purement naturels, tels que la beauté ou la santé du corps :

« Le bruit s'était répandu parmi les filles d'Israël qu'une vierge enfanterait, et cette parole avait jeté dans le cœur de chacune l'espérance d'une glorieuse maternité. Elles ont espéré, les vierges de noble famille, elles ont espéré, les vierges brillantes de beauté, qu'elles seraient Votre mère.

» Et Vous, ô Très-Haut, soyez béni d'avoir choisi Votre mère parmi les pauvres !

» Et, subitement inspirées, les vierges à Votre approche se sont écriées : « Peu m'importent la beauté, la laideur ou la pauvreté, je serai à vous, je vous appartiendrai désormais ! Que sont les fiançailles qui m'uniraient à un mortel auprès de celles qui m'attacheront à vous ? (1) »

Éphrem seconde aussi dans la mesure de son talent les efforts de l'Église pour adoucir l'esclavage.

Pendant qu'il encourage et console l'esclave il intercède en sa faveur auprès du maître chrétien :

« Que le maître permette à son esclave de se consacrer au service de son Seigneur légitime !

» O Fils de Marie ! Qu'un homme libre Vous serve,

---

(1) In Nat. Dom. vi. — Dans la description du *Souverain bien*, par S. Ambroise, on retrouve plusieurs traits de cette éloquence mystique, expression de la charité qui unit l'âme à Dieu.

il n'obtiendra qu'une récompense, tandis que l'esclave supportant un double joug sera deux fois récompensé !

» En Vous servant, ô Fils, la vierge libre conservera la liberté, mais celle qui est esclave, en Vous servant, recouvrera sa liberté. Elle se réjouira de ce que le bonheur de sa nouvelle condition mettra un terme aux douleurs de son existence passée. Elle fera une abondante moisson de fruits mystérieux pourvu qu'elle Vous aime, ô mon Dieu ! (1) »

Les bruits de guerre, les craintes d'une invasion soudaine venaient quelquefois interrompre le cantique d'Éphrem. Alors l'allégresse se changeait en prières. Au roi pacifique, à l'Enfant divin, source de toutes consolations, Éphrem demandait avec insistance de ramener parmi les siens des jours plus sereins.

Il s'écriait : « Écoutez les prières que nous Vous faisons entendre.

» Donnez-nous de goûter en réalité les bienfaits que nous Vous demandons aujourd'hui. Chaque fois que nous célèbrerons Votre fête, que les craintes s'éloignent de nous ! Que la présence de votre solennité dissipe les rumeurs qui naguère ont frappé nos oreilles !

» Elles ont troublé notre âme ces paroles qui sont arrivées jusqu'à nous. Qu'elles s'évanouissent à Votre aspect, ô Verbe divin ! Dissipez cet orage, Vous qui

---

(1) In Nat. Dom. xii.

d'un signe apaisâtes la mer en courroux. L'univers retentit d'effrayantes clameurs.

» Les démons se sont réjouis en entendant les cris de l'impie. Que les anges de l'allégresse descendent au milieu de nos chœurs pour y mêler à nos chants leurs cris de triomphe accoutumés !

» Dans Votre bercail résonne une plainte lamentable. Consolez Vos brebis. Ne permettez pas que la tristesse se change en un chagrin mortel.

» La voix de l'homme s'est élevée ; elle a vociféré en méditant ses crimes. Que Votre fête, ô mon Dieu, nous apporte la plénitude de ses joies, afin que nous puissions célébrer Votre Pâque le front ceint des couronnes de la paix ! (1) »

C'est encore à l'enfant Jésus que s'adressaient, comme le faisait Éphrem, les malheureux habitants de nos campagnes, ravagées par les guerres civiles. Le vieux Noël, qu'ils chantaient alors, est plus simple et non moins pathétique que la prière d'Éphrem. Celui-ci tremblait pour l'avenir ; mais les pastoureaux français déploraient le présent, lorsque, les mains jointes devant la crèche, ils pleuraient ainsi :

> Nous te requérons à mains jointes,
> Vouloir ouïr nos grièves plaintes,
> Nous, pauvres pastoureaux !
> De toutes parts, on nous saccage,
> On nous détruit, on nous ravage
> Et brebis et agneaux !

---

(1) In Nat. Dom. III.

> Que si bientôt tu n'y prends garde,
> Nous mettant sous ta sauvegarde,
> Hélas ! c'est fait de nous !
> Ote-nous donc de ces misères,
> Fais cesser ces civiles guerres !
> Te prions à genoux ! (1)

Ici, le sentiment d'une véritable douleur rehausse la simplicité du style. La poésie populaire du moyen-âge ne garda pas toujours la dignité qui convient à un chant religieux. Ce défaut est peu sensible dans les hymnes d'Éphrem. Celui-ci n'oublie jamais qu'il est en présence d'un Dieu. Il s'étonne que le fils des rois de Juda laisse, exposée à tous les regards, cette majesté royale, qui, chez la plupart des souverains de l'Orient, s'enveloppe encore aujourd'hui d'un redoutable mystère.

« Allons, lui dit-il, retirez-vous, ô rejeton d'une auguste race. Cachez votre visage dans le sein de votre mère. Une pareille affabilité ne sied point aux enfants des rois. Vous êtes le descendant de David, le Fils de Marie ; enfermez-vous dans la solitude, et loin de la foule, gardez-y le prestige de votre rang.

» O prodige ! j'aperçois un petit enfant, plein de sollicitude pour chacun de ses visiteurs. Près de lui, tout homme préoccupé oublie ses inquiétudes : celui qui a

---

(1) Les sciences et les lettres au moyen-âge. — Firmin Didot, 1877.

faim ne pense plus à se nourrir, et le voyageur perd de vue le but de son voyage !

» Enfant, restez donc en repos ! Laissez l'artisan vaquer à ses occupations. Né dans une pauvre famille, ne savez-vous pas par vous-même que l'indigent ne doit pas cesser de travailler ? (1) »

Un critique sévère jugera peut-être que ces dernières apostrophes manquent de vraisemblance et même de gravité. Le poète a voulu, lui aussi, en chantant l'enfant de la crèche, laisser à son hymne quelque chose d'enfantin. Mais jusque dans ces jeux d'esprit, Éphrem donne à son peuple un grand enseignement. Il propose à son amour un Dieu fait homme, la divinité se faisant toute à tous sous les traits d'un enfant, le règne de la grâce succédant à celui de la loi, l'amour se substituant à la crainte. Voilà la vérité dont il développe les conséquences fécondes, au moyen de ces figures familières, si naturelles d'ailleurs à la plus populaire des solennités (2).

La Noël est le premier acte du drame évangélique : la résurrection du Sauveur en est le dénouement. L'imagination d'Éphrem colorera cette dernière scène de

---

(1) In Nat. Dom. ix.

(2) « Garde-toi de fuir, garde-toi de trembler ! Jésus ne vient pas armé ; il ne cherche pas pour punir, mais pour délivrer, et pour que tu ne dises pas encore une fois : « J'ai entendu ta voix, je me suis caché. » Le voilà enfant, et sans voix ; il s'est fait tout petit, et la Vierge, sa mère, enveloppe de langes ses membres délicats. » *Bern.* In Nativ. 1.

tons, tantôt chauds et éclatants, tantôt sombres et vigoureux. Les hymnes sur la victoire du Christ sont le prélude des mystères du moyen-âge. Éphrem introduit dans la littérature le merveilleux chrétien.

Il pénètre dans les enfers; il assiste au conseil des démons. Il entend Satan et la mort combinant leur complot contre le Christ. Il est le témoin de leur défaite honteuse et du triomphe du Messie (1). Nous

---

(1) La descente du Christ aux enfers fait l'objet de la seconde partie de l'évangile apocryphe de Nicodème. Entre ce dernier ouvrage et les hymnes d'Éphrem, publiées par M. Bickell, la ressemblance est grande. L'auteur de l'Évangile a plus d'ordre et de concision. Il a fait un drame un et complet de ce qui n'est chez Éphrem qu'une suite de scènes isolées les unes des autres. Mais le fond du drame est le même chez les deux auteurs; les noms seuls des personnages ont changé. Ainsi le dominateur des enfers, qui dans l'Évangile, s'appelle le prince de l'enfer, dans les hymnes n'est autre que la Mort. Mais il tient un langage absolument pareil dans l'un et l'autre auteur, si bien que l'évangéliste apocryphe a dû s'inspirer des hymnes, ou saint Éphrem s'inspirer de l'auteur apocryphe. Il resterait à savoir quelle est la plus vraisemblable des deux alternatives. Pour nous, nous croirions plus volontiers qu'Éphrem a servi de modèle à l'auteur de l'Évangile. Celui-ci, d'après les savantes conjectures de M. Maury, aurait composé son ouvrage entre le IVe et le Ve siècle, dans le but de combattre les Apollinaristes. Or, on sait qu'Apollinaire fut un des adversaires visés par Éphrem. D'autre part, les hymnes d'Éphrem s'étaient rapidement répandues. Elles avaient été traduites en grec, même de son vivant. Il est donc très-vraisemblable qu'elles furent connues de l'auteur apocryphe, et que celui-ci en profita pour ajouter à la première partie de son œuvre cette seconde moitié, qui tranche si ouvertement avec la précédente, par son ton élevé et poétique. On trouverait ainsi, dans cette hypothèse, la clé du problème qui a si justement éveillé la sagacité de la critique depuis plusieurs années. V. *M. Maury*, Revue de philologie. t. 2, n° 5. Voir aussi un fragment de discours, attribué à saint Césaire, et qui n'est qu'une amplification éloquente d'un passage de l'Évangile apocryphe. Gorini. Mélange des Pères latins, III, 153.

avons eu occasion de remarquer qu'Éphrem ne suivait pas toujours dans ses poèmes un plan bien déterminé, trop souvent il est inégal dans sa marche, il ne retient pas d'une main assez ferme les pensées et les mouvements qui le pressent. N'allons pas croire cependant que l'art de la disposition fasse complètement défaut à Éphrem. Certaines hymnes sur la résurrection dénotent, au contraire, une habileté peu commune dans l'opposition des nuances et la gradation habilement ménagée des couleurs.

Ainsi, la sixième hymne débute par cette strophe paisible et calme dans sa tristesse :

« Le Seigneur a soumis sa force à ceux qui le saisissaient, afin que de sa mort sortît la vie qui devait vivifier Adam. Il a présenté ses mains aux clous acérés, à la place des mains qui avaient cueilli le fruit. Ses lèvres ont été frappées devant le juge, à la place des lèvres qui avaient mangé dans l'Éden. Ses pieds ont été cloués, à la place des pieds qui avaient fui le Paradis. Ses vêtements lui ont été arrachés, afin que nous-mêmes nous revêtions la chasteté. Par le fiel et le vinaigre, Il a adouci l'amertume dont le venin du serpent avait empoisonné le genre humain ! »

Le Chœur répond par ce refrain triomphal : « Louange à Celui qui nous donne la victoire, qui a ressuscité les morts pour sa propre gloire ! »

Soudain, dès la seconde strophe, sans transition aucune, la Mort apparaît. Elle se dresse orgueilleuse devant la sanglante victime du Calvaire que le poète vient de nous montrer nue, défigurée, expirante.

La Mort. — « Si tu es Dieu, montre nous ta puissance. Si tu es homme, subis la nôtre. Si tu viens pour chercher Adam, va-t-en, je le tiens prisonnier, car il doit, et les chérubins et les séraphins eux-mêmes ne sauraient acquitter sa dette. Ils ne sont pas mortels et ne peuvent me donner une âme en échange de la sienne. Qui pourrait ouvrir l'abîme infernal, y plonger et retirer Adam de ce gouffre qui le possède et le garde éternellement ?

» Moi ! j'ai vaincu tous les sages, les voici entassés dans un coin de l'enfer ! Viens, entre, Fils de Joseph ! Vois les géants aux membres terribles. Vois le monstrueux cadavre de Samson et les durs ossements de Goliath et ceux d'Og, ce fils de géant qui reposait sur une couche de fer. Et moi je l'ai jeté à bas de cette couche et je l'ai terrassé. J'ai humilié ce cèdre dans la puissance de l'enfer.

» J'ai vaincu les multitudes ! Et un seul homme voudrait me vaincre ! J'ai emmené captifs, prophètes, prêtres et nobles ; j'ai triomphé des rois au milieu de leurs armées, des géants ces forts chasseurs, des prêtres et de leurs vertus ! Grâce à moi, des fleuves de cadavres ont afflué dans l'enfer et, quel que soit leur nombre, l'enfer est encore altéré, car tous les hommes, éloignés ou proches de moi, doivent mourir et franchir le seuil de l'enfer.

» J'ai méprisé l'argent des riches, j'ai été incorruptible à leurs dons ; jamais les maîtres de l'esclave n'ont pu me persuader de prendre l'esclave à la place du maître, le pauvre pour le riche, l'enfant pour le vieillard.

» Oui, c'est moi qui suis la grande chasseresse et sur terre et sur mer : les aigles, habitants de l'air, et les monstres marins dans l'abîme viennent vers moi. Les vers de terre et les oiseaux et les animaux terrestres, jeunes gens et enfants, tous, ô fils de Marie, vous convaincront que je règne toute-puissante sur l'univers. Comment la croix pourrait-elle me vaincre, moi qui ai toujours triomphé et vaincu par le bois ! »

La Mort a parlé ; elle a étalé sa puissance. Le châtiment arrive avec la rapidité de la foudre.

« Et la Mort arrêta sa parole injurieuse. Et la voix du Seigneur résonna dans l'enfer, Elle a crié et les sépulcres se sont ouverts un à un. La mort a été frappée d'épouvante. Dans l'enfer, séjour de ténèbres, les anges ont brillé comme dans l'Éden. Ils sont entrés et ont envoyé les morts au-devant de Celui qui vivifie tout. Et les morts sont sortis et ils ont couvert de confusion les vivants qui croyaient avoir vaincu l'Auteur de la vie. »

La Mort n'a plus qu'à avouer sa défaite. Elle s'humilie devant celui qu'elle provoquait tout à l'heure. La souveraine se reconnaît esclave et livre Adam qu'elle refusait avec tant d'orgueil :

» O roi Jésus, recevez ma prière, et avec ma prière emportez Adam, ce gage précieux. Enlevez-le avec Vous ; en lui sont cachés tous les morts, comme en lui, quand je le reçus, étaient cachés les vivants. Voilà un premier gage que je vous donne : le corps d'Adam. Montez maintenant, régnez sur l'univers, et quand votre trompette retentira, moi-même je ferai sortir les morts au-devant de vos pas. »

Le chœur dans une dernière strophe annonce la conclusion de ce drame émouvant. Il chante le triomphe de ce Dieu dont l'hymne, en commençant, rappelait les humiliations ;

« Notre Roi s'en est allé plein de vie ! Il est remonté triomphateur du sein de l'enfer. A gauche, Il a doublé les souffrances ; les esprits mauvais et les démons ont gémi : Satan et la mort ont été torturés ; l'enfer et le péché sont plongés dans la tristesse. A droite, l'allégresse est descendue sur les bons. En ce jour solennel, entonnons un chant en l'honneur du Dieu mort et ressuscité, de Celui qui vivifie et rappelle l'homme à la vie ! (1) »

La beauté de pareilles scènes en fait excuser les longueurs. Peu de poètes ont su personnifier la mort avec cette énergie. Que de traits dans la tirade orgueilleuse que nous venons de citer qui ne dépareraient pas le poème de Milton.

---

(1) Carm. Nisib. xxxvi.

Le chantre du Paradis perdu a dessiné, dans son personnage de Satan, le type de l'orgueil indomptable et de la révolte obstinée. Le Satan, figuré par Éphrem, joue un rôle bien plus effacé que celui de la Mort. Il représente l'esprit de mensonge plutôt que l'esprit de rebellion. Être astucieux et perfide, il est sans cesse tenu en échec par le Rédempteur, les Apôtres, les Saints, leurs reliques sacrées, le libre arbitre de l'homme. L'archange vaincu, c'est le paganisme abaissé devant la religion chrétienne. Au lendemain des tentatives de Julien l'apostat, l'idolâtrie par la bouche de Satan proclame elle-même sa defaite :

« Voici que les idoles sont en butte aux moqueries, et ceux qui les sculptaient à l'insulte, et ceux qui les honoraient au mépris !

» J'avais fermé les yeux des mortels afin qu'ils ne découvrissent point que leurs dieux n'étaient qu'un bois sculpté. Jésus leur rend la lumière et ils verront que les idoles sont des œuvres travaillées par la main des hommes !

» Jésus se choisit des Apôtres, et voilà que mon enseignement qui remplissait le monde sera réduit au silence.

» Déjà les voici dans l'angoisse, les Chaldéens et leurs devins, les mages et leurs serpents, les pontifes et leurs maléfices.

» Pontifes, voici votre fin : rendez le dernier soupir. Fuyez, devins ; allez plutôt bêcher la terre ! Et vous,

Chaldéens, repliez pour toujours vos volumes impies.

» J'étais adoré dans tous les temples : ces honneurs se retournent en affronts contre moi, puisque tout homme maintenant conspue mes autels !

» La chair des sacrifices n'est plus qu'un objet d'horreur; les idoles, un bois desséché, et leurs débris flambent maintenant sous la chaudière des foyers ! (1) »

Les plaintes de Satan diffèrent beaucoup, on le voit, de celles de la Mort. Celle-ci a été vaincue, mais elle s'est soumise; au contraire, l'Esprit du mal se lamente et ne s'humilie pas. La Mort lui est donc supérieure parce qu'elle reconnaît la puissance de Dieu. Forte de cet avantage, la Mort accable de ses sarcasmes Satan le déicide. Elle lui reproche amèrement son crime et lui prédit la vengeance sans fin qui l'attend dans l'éternité (2). De là plusieurs scènes dialoguées où la Mort et Satan disputent entre eux de force et de puissance, et quelquefois aussi, il faut bien le reconnaître, de loquacité. Le chrétien, appelé par Éphrem, assiste à ce débat qui se livre entre ces deux mortels ennemis ; spectateur silencieux et intéressé, il s'applaudit des humiliations que s'infligent alternativement les deux rivaux. Il arrête enfin cette longue lutte et proclame la sentence qui constate la défaite de l'un et de l'autre en rapportant à Dieu la gloire d'avoir

---

(1) Carm. Nisib. LX.
(2) Ibid. III. 60.

vaincu le tyran de nos corps et l'auteur du péché (1).

La poésie liturgique d'Éphrem affecte presque constamment la forme dialoguée. Son allure en est plus vive et plus dramatique, sa doctrine plus nette, son enseignement plus précis. Qu'est-ce que la psalmodie en usage dès les premiers temps de l'Église, sinon un dialogue solennel entre les deux chœurs qui composaient l'assistance ? Les plus anciennes prières de l'Église ne renferment-elles pas un dialogue sublime entre le prêtre et les fidèles ? Et les refrains qui ne tardèrent pas à s'introduire dans les hymnes religieuses ne marquent-ils pas l'échange de sentiments qui s'établissait entre le poète et le peuple qui répétait ses vers ? Le dialogue met en action ce qui ne serait sans lui qu'un simple récit. Il satisfait mieux qu'un monologue le besoin d'émotion qu'éprouvent les foules. L'hymne dialoguée tient à la fois de la poésie lyrique et de la poésie dramatique. Elle parle et agit. Aussi la voyons-nous en honneur dans la liturgie ecclésiastique aux temps où les peuples, encore ardents dans leurs convictions religieuses, jouissaient avec avidité de tout ce qui flattait, émouvait leur piété (2). Les

---

(1) « Laudetur ille qui in alterutrum immisit servos maledictos, ut videremus illos, quemadmodum viderant nos et gloriati erant de nobis ! Quod nunc spectamus eos, fratres mei, est arrhabo, quo certi fiamus, nos eos iterum cum gaudio spectaturos esse post ressuscitationem nostram. » Carm. Nisib. III.

(2) Les hymnes dialoguées forment la transition entre le drame païen et le drame chrétien des mystères. V. la préface de M. Monmerqué. Théâtre Français, au moyen âge. — Villemain. Littérature au moyen âge.

proses populaires de l'Église latine, au moyen âge, conservent des traces évidentes du dialogue qui était leur forme primitive (1). Il n'est pas jusqu'au plainchant actuel où l'on ne puisse distinguer, dans les différences de ton sur lequel sont notées les paroles attribuées à tel ou tel personnage, les éléments constitutifs d'un dialogue (2). Seulement le drame de la liturgie latine est plus calme et plus uniforme. Il fait couler nos larmes sans effort, et l'émotion qu'il excite en nous, pour être complète, n'en est pas moins recueillie. L'hymne d'Éphrem, indépendamment de ses longueurs, a un mouvement plus fort mais plus heurté. Elle est plus originale et moins parfaite. Ces défauts sont cependant moins sensibles dans les *Chants funèbres* d'Éphrem. Cette poésie nous semble en effet mériter mieux que le jugement sévère porté sur elle par M. Villemain. « Rien de plus uniforme que cette poésie de la mort, nous dit-il. quelque touchante qu'elle soit (3). »

Sans doute la mort, quelles que soient les circonstances qui l'entourent, reste toujours elle-même. Pour tout homme elle est inévitable; pour tout homme, elle rompt violemment l'union du corps et de l'âme,

---

(1) On a souvent cité, entre autres, la prose de la résurrection qui renferme un dialogue sublime entre Marie et le chœur.

(2) On peut le constater en lisant les simples antiennes du *Magnificat* pour les dimanches de la Pentecôte.

(3) Tableau de l'Éloquence chrétienne. 247

met fin à cette vie et en commence une autre. Ainsi, par le fond même de son sujet, Éphrem ne pouvait échapper à la monotonie. Ses chants des morts n'ont pas été composés en l'honneur de tel ou tel personnage connu : ils s'adressent aux différentes classes de la société. Éphrem était forcé de se renfermer dans des généralités. Ne lui reprochons pas de s'être maintenu, dans ses chants funèbres, entre des limites qu'il ne pouvait pas franchir. Demandons-lui plutôt s'il a su profiter, pour varier son sujet, des accidents d'âge, de sexe, de condition qui, sans rien changer à la nature de la mort, lui donnent différents aspects suivant la personne qui la subit. L'artiste qui ne change pas de ton peut transformer ses accords, nuancer les inflexions de sa voix, varier en quelque sorte la monotonie elle-même. Éphrem a eu ce talent. Ses poésies funèbres sont toutes dans le ton de l'élégie, mais dans ce ton quelle riche variété d'accords et de nuances ! La tristesse, qui est la note dominante de ces hymnes, y touche à toutes les cordes que fait vibrer la douleur dans l'âme humaine. Elle passe, par des gradations successives, du regret à la désolation, de la désolation à la terreur, de la terreur à l'abattement et, de là, revient à la résignation paisible et à la courageuse espérance. En outre, pour les apprécier avec impartialité, il est bon de considérer ces hymnes indépendamment les unes des autres. Chacune d'elles forme un tout complet. Les mêmes images peuvent donc se reproduire dans plusieurs sans y être déplacées, et l'inconvénient de ces répétitions, sensible au lecteur qui parcourt le recueil, disparaît pour celui qui fixe son attention sur un seul de ces poèmes.

Éphrem a divisé ces chants en plusieurs classes. Les évêques, les prêtres, les diacres, les moines, les clercs, les pères et les mères, les adolescents, les enfants ont des hymnes spéciales se rapportant à leur âge, à leurs fonctions, à leur condition.

L'évêque est un prince de la maison de Dieu, le pasteur du troupeau divin. Quand il meurt, l'Église qui lui était unie pleure son époux, se félicite de la récompense qu'il a obtenue et, dans sa sollicitude maternelle, se demande qui remplacera désormais, auprès de ses enfants, le père qu'ils ont perdu. Les chants qu'Éphrem fait retentir auprès du cercueil de l'évêque répondent à ce triple sentiment.

Le pasteur est étendu sur sa couche funèbre; on le porte au lieu de la sépulture. Derrière lui marche son Église en deuil, plaintive vision qui s'est animée à l'appel du poète. Voilée de deuil elle suit le cortége funébre (1) :

« Hélas, dit-elle en gémissant, quel ennemi puissant vient de nous arracher le consolateur de nos

---

(1) « Ecclesia nostra ad felicem dilecti Patris obitum vestem mutavit; atrata funus prosequitur. » Necrosima. VIII, 1.

âmes? Quelle tempête au souffle cruel a secoué notre flambeau et l'a éteint ?

» Émues par ces gémissements, les Églises voisines sont accourues. Elles viennent consoler, par de douces paroles la douleur de l'infortunée : « Ne vous affligez point de ce qu'il n'est plus, ce père excellent ! Il s'en va escorté de défenseurs, secouru par vos prières.

— Oui, je l'espère ! de même que, par ses veilles, il a embelli l'Église qui lui était confiée (car il a été pour moi le plus doux, le plus modeste des maîtres, et son amour pour moi n'a pas connu de fin), ainsi, maintenant encore, il me répondra par ses prières.

— Vierge sacrée, image parfaite de votre pasteur, pourquoi arroser son tombeau de vos larmes ? Pourquoi troubler vos enfants ?

— L'angoisse et les cruels soucis se sont emparés de moi aussitôt que je me suis vue en présence de ce corps étendu sans vie, de mon fiancé, de mon fils ; si cruelle est ma douleur que nulle consolation ne saurait me toucher.

— Parcourez les psaumes de David. Dès les premières lignes, vous y trouverez ces paroles si propres à guérir votre affliction : « La mort des saints est précieuse devant Dieu. » Lisez et rendez grâces à Celui dont la Providence fait aux Saints une si heureuse destinée.

— Le sanctuaire est couvert de deuil. Dans le parvis j'aperçois mes fils éplorés! Comment retenir mes larmes?

La vie aimable s'est enfuie, la mort farouche s'est élancée. Elle a désolé ma demeure, et je suis veuve. Maintenant, je veux approcher de la couche funèbre de mon fiancé ! Laissez-moi le toucher encore une fois avant que vous enleviez sa dépouille et qu'elle disparaisse pour toujours à mes yeux !

— Jésus, le Fils unique du Très-Haut, secourra votre affliction. Courage ! Les chœurs des Saints prient pour votre salut. Dieu se laissera fléchir par leurs supplications.

— Tous les alentours pleurent sur mon malheur ! Mes enfants sont orphelins, je ne suis plus qu'une veuve ! Dieu clément, prenez ma cause en Votre main !

— Épouse désolée, écoute ! Voici ce que dit ton fiancé :
« Ne pleurez pas ma mort ! Si je vous avais laissée
» sans enfants, peut-être vous plaindriez-vous avec
» raison ! Mais vous possédez dans votre famille des
» hommes vertueux et sages, et les consolateurs ne
» vous feront pas défaut. »

— Je vous en supplie, Seigneur Dieu, ne m'abandonnez pas dans mon veuvage ! Loin de moi ce malheur; que mes enfants, séparés par des querelles intestines, se dispersent çà et là ! Élevez-Vous à la place du pasteur disparu. Ayez pitié de ce peuple, qui ne peut retenir ses larmes à la vue des siens réunis dans le parvis, à la pensée que leur chef a été frappé par la mort.

— Il viendra ce jour où les chœurs célestes et les bataillons angéliques lanceront leurs éclairs. Et vous maintenant, veuve désolée, mais alors illuminée par l'éclat du nouveau soleil, vous préluderez à des fêtes sans fin.

— S'il en est ainsi, que la Mort s'éloigne, qu'elle fuie dans son antre et y tremble, car c'est elle qui cause ma douleur, elle qui, enlevant le fondement sur lequel je reposais, fait chanceler mes pas. Et Vous, ô mon Dieu, je l'espère, Vous rendrez à mon âme son ancienne sérénité ! (1). »

Nous n'insisterons pas sur la convenance, parfaite ici, des sentiments et du style. Le veuvage mystique de l'Église, les doux liens de charité qui unissent les églises entre elles, les craintes, trop souvent justifiées d'une de ces divisions qui suivaient alors l'élection d'un évêque, ont été fidèlement exprimés par le poète. La vision de la Jérusalem céleste est comme le trait final qui éclaire la scène et tempère ce que la douleur y aurait de trop attendrissant.

La vénération d'Éphrem pour le caractère épiscopal est visible dans les hymnes funèbres qu'il consacre à ces princes de l'Église. Chacune d'elles célèbre une vertu particulière des pontifes, la force (2), l'humi-

---

(1) Necrosima, VIII.
(2) Ibid. II.

lité, la mortification (1), le zèle (2), la douceur (3); aucune menace du jugement dernier, aucune expression de crainte ne se fait jour au milieu des gémissements et des larmes versés par l'Église sur la dépouille de son évêque. Au contraire, les chants funèbres destinés aux prêtres et aux clercs (4) ont un caractère particulier de tristesse. Le dialogue ne s'établit pas entre les diverses églises. L'âme du prêtre et du clerc a la parole. Presque toujours inquiète et tourmentée sur son sort éternel, épouvantée de la responsabilité qu'elle a assumée dans l'exercice du ministère sacré, elle n'envisage qu'avec frayeur le jugement de Dieu. Le diacre d'Édesse prête ses propres sentiments à ceux qui avaient pris place, comme lui, dans la hiérarchie religieuse. Peut-être voulait-il aussi, par ces paroles, ces peintures énergiques d'une âme troublée et confuse à la vue de son indignité, maintenir les clercs dans une vie sainte et mortifiée. De même, l'enthousiasme d'Éphrem pour les solitaires se manifeste clairement dans ses chants funèbres. Il entonne en leur honneur un chant de triomphe. Il publie leurs jeûnes, leurs humiliations, leurs veilles continuelles, leurs larmes, leurs miracles d'abstinence, leurs œuvres de charité,

---

(1) Ibid. III.
(2) Ibid. IV.
(3) Ibid. VI.
(4) Ibid. XVIII, 28.

et leur promet dans l'éternité les plus belles des couronnes (1).

Bossuet, faisant l'éloge funèbre des princes, aime à confondre l'orgueil humain. Il veut le pousser à bout et détruire cette idole. De quelque distinction que se flattent les hommes, l'orateur chrétien se plaît à leur rappeler que leur origine est petite, et qu'ils aboutiront tous à un même néant. Saint Éphrem, dans les hymnes destinées aux funérailles des grands, fait entendre à ceux-ci la même leçon. Il s'assied aux portes d'un ossuaire ; il interroge ces ossements ; il secoue cette poussière pour en retirer une réponse qui confonde la vanité humaine :

« Je m'avançais, et soudain apparurent des bataillons nombreux de cadavres..., et j'ai regardé en même temps les ossements du puissant et du faible, pour voir si le squelette du premier offrait quelque chose de plus que celui de son compagnon. Et j'ai vu qu'ils étaient égaux. La beauté ne suit pas ceux qu'elle ornait sur la terre. J'ai vu ceux qui se couvraient de pourpre revêtus de lugubres haillons ! Ceux qui ornaient leur visage de fard et de menteuses essences, je les ai vus difformes, hideux ! Les vers avaient rongé ces yeux brillants autrefois de vermillon ! Le corps des luxurieux étaient en proie à une affreuse dissolution. Les ambitieux, séduits par l'orgueil, n'étaient plus qu'une ombre, une vaine fumée. Les dominateurs,

---

(1) Necros. XIII.

altérés de pouvoir, gisaient dans la boue. Les savants, qui n'avaient cherché que la renommée donnée par la science, étaient frappés de délire ! (1) »

Quoiqu'Éphrem passe ici sans transition du tombeau à l'enfer, ses paroles ne font-elles pas pressentir, dans la littérature chrétienne, la vision du moine Otto et l'enfer du Dante ?

La mort, qui terrasse les grandeurs, brise aussi les liens de la famille. Elle arrache un père à la demeure dont il est le chef, une mère à ses enfants. Elle sépare pour jamais ceux qu'unissait la plus tendre affection. Éphrem, appelé à décrire cette douleur, change encore une fois sa mise en scène.

Il nous transporte au pied du lit d'un mourant. Nous nous mêlons à sa famille désolée. Nous recueillons les dernières leçons qui sortent de ses lèvres, prêtes à se fermer dans la mort. Sur le point de quitter la vie, le père de famille jette un regard de regret sur ses richesses péniblement amassées. Il considère que du long travail dont il s'est consumé sous le soleil, il ne lui restera que le triste cortége de ses fautes : « J'ai construit de vastes palais, des résidences d'hiver et d'été, et, aujourd'hui, la mort va me jeter dans un ténébreux cachot. De cette abondance où je vivais, rien ne me suivra aujourd'hui, si ce n'est les crimes de ma vie passée, qui ne feront qu'entraver ma course.

---

(1) Necros. xxviii.

Comment qualifier ce travail du riche qui amasse, non pas pour lui, des trésors qui vont passer en d'autres mains et laisseront leurs anciens maîtres dans la détresse et la nudité? (1) » Mais le mourant est chrétien, et son œil se fixe une dernière fois sur la Croix, symbole d'espérance. C'est à elle qu'il confie sa famille et les orphelins qu'il laisse sur la terre.

La mort d'une mère est le sujet d'une scène plus touchante encore. Les enfants sont accourus auprès de celle qui leur a donné le jour. En la voyant, presque glacée par la mort, ils éclatent en sanglots : « Mère, pourquoi vous taisez-vous? La mort vous aurait-elle ravi la parole? Allons, prêtez-nous vos mains ! Étendez les bras ! Étreignez une dernière fois vos fils ! Donnez-leur un suprême baiser !... Ah! si vous n'êtes plus parmi nous où dirigerons-nous nos pas dans l'espoir de vous trouver?

« Si nous le savions, semblables à l'oiseau, nous volerions vers vous, et grande serait notre récompense si nous pouvions un seul instant jouir de votre vue ! Car maintenant, en entrant dans cette demeure, nous n'avons vu que le deuil et la désolation ! Ces murs eux-mêmes redisent et publient l'ordre que vous faisiez régner autour de vous et accroissent notre douleur. Hélas ! Quel accident funeste a interrompu votre course et vous a jetée dans les sentiers des ténèbres et de l'exil ! »

Et la mère répond. Elle déclare qu'elle cède à la mort,

---

(1) Necros. xxx.

qui ne se laisse toucher par aucune larme. Elle invite ses enfants à contempler l'œuvre de la première femme : « Voilà le palais que nous construisît notre mère : un sépulcre, séjour d'horreur et de torture ! Voilà la chambre nuptiale que cette mère coupable a préparée pour ses filles ! La couche qu'elle nous a dressée c'est le lit sur lequel reposent les cadavres. » Puis, se tournant vers ses compagnes, elle déplore les vanités de ce monde ; elle regrette les soins superflus donnés à sa beauté, aux mille superfluités de la toilette mondaine. La grave parole du chœur succède à ces lamentations. Il invoque pour la défunte le pardon des fautes dont elle s'est rendue coupable, et demande qu'elle puisse joindre sa voix aux cantiques des vierges auprès de l'Éternel ! (1)

La mort ne se présente pas toujours à nous avec cet appareil effrayant de larmes et de terreurs. Quand elle emporte un enfant, cette disparition soudaine d'une existence à peine dans sa fleur laisse l'âme chrétienne sous une impression particulière, mélange de tristesse et de joie. Affligés pour nous-même, nous nous réjouissons de ce que ce petit être, échappé aux misères de la vallée de larmes, soit allé sans souffrances goûter les joies des Bienheureux. Reboul l'a dit dans son immortelle élégie. Devant une mort pareille, il n'y a pas de place pour le deuil. La demeure de l'enfant

---

(1) Necros. XXXI.

n'en doit pas être obscurcie, et le chrétien accueille la dernière heure de cette vie si courte, comme il en avait salué les premiers instants. La poésie syriaque comptera parmi ses chefs-d'œuvre l'élégie d'Éphrem. Rarement une grâce aussi exquise, aussi sobre dans ses détails (ce qui étonnera de la part de saint Éphrem), avait été mise au service de la pensée chrétienne :

« Aimable enfant ! la grâce l'avait formé dans le sein de sa mère. Mais à peine a-t-il vu la lumière que la cruelle Mort s'est élancée sur lui. D'un souffle plus brûlant que les rayons du soleil, elle a flétri les feuilles de cette fleur printanière. Elle a tari la sève et desséché la tige.

» Et cependant, je crains, ô enfant, de pleurer votre mort, car je sais que le Fils du Roi vous a introduit dans le sanctuaire des clartés célestes ! La nature, ô mon cher petit, me force à pleurer votre mort. Mais quand je viens à penser que vous avez été transporté dans la région des cieux, je crains de troubler la cour du Roi par un deuil profane.

» Je tremble qu'Il ne me reprenne avec indignation de pénétrer dans son palais vêtu de deuil et pleurant. Je serai plus sage en Lui offrant une hostie pure et en laissant pénétrer la joie dans mon âme !

» Vos chants, ô mon cher petit, étaient une caresse à mon oreille, une harmonie qui m'a vivement réjoui ; je me souviens encore des suaves mélodies que vous faisiez entendre.

» Je me rappelle vos paroles, et pendant que mon âme les redit en silence, ma pensée vole vers les chœurs des Bienheureux, et, pleine d'admiration, elle vous écoute, répétant avec les anges le chant triomphal de l'Hosanna ! (1) »

C'est ainsi qu'en face d'un berceau, le poète chrétien a transformé la Mort (2). Messagère céleste, elle a cueilli la jeune fleur. La tige s'est flétrie sur la terre

---

(1) Necros. xxxvi.

(2) Plus d'un poète français avant Reboul avait déjà traité ce sujet. Il a inspiré à Ronsard le sonnet suivant :

> Comme on voit sur la branche, au mois de mai, la rose
> En sa belle jeunesse, en sa première fleur,
> Rendre le ciel jaloux de sa vive couleur,
> Quand l'aube de ses pleurs, au point du jour, l'arrose ;
>
> La grâce dans sa feuille, et l'amour se repose,
> Embaumant les jardins et les arbres d'odeur :
> Mais battue ou de pluie, ou d'excessive ardeur,
> Languissante, elle meurt feuille à feuille déclose.
>
> Ainsi, dans ta première et jeune nouveauté,
> Quand la terre et le ciel honoroient ta beauté,
> La Parque t'a tuée, et cendre tu reposes.
>
> Pour obsèques reçois mes larmes et mes pleurs,
> Ce vase plein de laict, ce panier plein de fleurs,
> Afin que, vif et mort, ton corps ne soit que roses.

Il nous semble qu'ici l'avantage est pour Éphrem. Certes, il y a de la grâce dans les vers du poète français ; mais cette grâce est affectée, et nous avouerons que la Parque, le vase plein de lait, et le panier plein de fleurs, et tous ces détails charmants perdent leur attrait quand on les compare aux grandes et chrétiennes pensées qui relèvent le chant de saint Éphrem.

pour s'épanouir aux cieux, et la voix enfantine, dont les premiers accents charmaient l'oreille de l'homme, résonne pour toujours dans les parvis éternels !

Lorsqu'on met en regard de cette suave poésie les éloges funèbres, les regrets des poètes païens, regrets dus trop souvent à la présence de vices honteux, la grâce du style antique ne tient pas devant la pureté de la pensée chrétienne ; le cœur se détourne de ces peintures sensuelles et se retrempe avec bonheur dans les clartés de la religion.

Celle-ci, vers la fin du IVᵉ siècle, était secondée, dans sa mission, par les événements extérieurs qui bouleversaient le monde. Jérôme, dans sa grotte de Bethléem, entendait la trompette du jugement dernier. Éphrem, sur la montagne d'Édesse, assistait en esprit à ce drame effrayant. La série des chants funèbres qui s'appliquent aux défunts de toutes les conditions reproduit continuellement ce tableau. La trompette angélique retentit ; les tombeaux rendent leurs morts ; le Christ apparaît précédé de sa croix ; Il prononce la sentence ; Il ouvre, pour les bons, une ère de satisfaction sans fin, pour les mauvais, une éternité de supplices. Le tout se termine par une adjuration à la pénitence (1). M. Gaston Boissier (2) a cru voir dans ces dernières descriptions l'influence des livres sibyllins.

---

(1) Necros. XLV, 85.
(2) V. l'article déjà cité sur les origines de la poésie chrétienne.

Il est aisé, en effet, de reconnaître que les auteurs anonymes des *oracula Sibyllina* et saint Éphrem se sont rencontrés souvent dans leurs peintures du jugement dernier. Ils usent des mêmes procédés dramatiques, et certains détails sont reproduits presque dans les mêmes termes dans l'une et l'autre poésie. Mais Éphrem et l'anonyme diffèrent sur beaucoup d'autres points.

Éphrem ne témoigne pas contre Rome la haine vigoureuse qui éclate dans les vers sibyllins (1). Il ne savoure pas d'avance les plaisirs des représailles. Il se met au premier rang de ces infortunés que tourmente le souvenir de leur faute, et que l'approche du grand jour remplit d'épouvante. Aucune trace non plus dans ses chants des satisfactions temporelles rêvées par les Judaïsants (2). Éphrem vit dans le surnaturel. Les joies mondaines ne le touchent guère. Il est bien plus accessible aux douleurs qui gémissent près de lui et qu'il voudrait sanctifier par la pénitence. Les fléaux qui frappent sa patrie sont pour lui autant d'avertissements divins. Il considère la famine, la guerre, la peste comme autant de leçons infligées par la Providence. Nous ne possédons plus, malheureusement, *le chant funèbre* qu'il composa sur le

---

(1) V. Alexandre. Excursus ad *Sibyllina*. — De fine imperii Romani. — De Sibyllinâ adversus Romanos invidia. 574.

(2) Ibid. De statu hominum post judicium. 533.

tremblement de terre qui détruisit Nicomédie, chant célèbre dans tout l'Orient (1). Mais parmi ces canons funèbres, il en est deux propres aux jours de calamités publiques et qui déplorent les ravages de la peste. Il serait intéressant de comparer la description d'Éphrem aux passages fameux de Thucydide, de Lucrèce, ou de Virgile retraçant, en artistes inimitables, les mêmes calamités. Les auteurs païens appuient sur la nature et les symptômes du fléau. Ils en dépeignent les signes avant-coureurs, la marche rapide et foudroyante, les résultats affreux et inévitables. Éphrem considère avant tout la puissance de la mort et la rapidité de son action. On connaît le début éloquent et dramatique de l'Œdipe roi. Sur les marches du temple, le grand-prêtre, entouré d'un peuple suppliant, expose au roi de Thèbes la malheureuse situation de ses sujets :

« Thèbes ne peut plus surmonter le flot sanglant où elle s'engloutit. Elle périt avec les fruits de la terre desséchés dans leurs germes ; elle périt avec les troupeaux expirant dans leurs pâturages, avec ces tendres rejetons qui meurent au sein de leur mère. Armée d'un feu dévorant, la contagion ennemie a fondu sur la ville de Cadmus et désole ses murs : le noir Pluton s'enrichit de nos gémissements et de nos larmes. Tends la main à notre ville ; soutiens-la (2). »

---

(1) Gennadius. 66. — Xenaïas Hierapol. De Uno ex Trinitate incarnato et passo. F° 132. *Bibl. Vatic. Codex Nitr.* xxvi.

(2) Patin. Études sur les tragiques Grecs. ii. Sophocle. — Œdipe roi.

Écoutons maintenant le poète chrétien, il est devant l'autel; il supplie non un homme, mais l'Éternel. C'est toute une province qui gémit par ses lèvres :

« Je vous en prie, Seigneur, arrêtez la Mort qui ne peut se rassasier de funérailles! Ordonnez qu'elle suspende le cours de ses immolations! Me voici, semblable à une veuve abandonnée. Frappée de stupeur et d'angoisse, je ne puis plus recueillir mes pensées. Mes rues sont désertes, mes demeures vides de leurs habitants, mes places publiques silencieuses. Écoutez, ô Dieu très-clément, les clameurs des animaux eux-mêmes. Écoutez ces cris déchirants. Les plaines se lamentent sur leurs maîtres tombés. Le laboureur a disparu. Les troupeaux réclament le pasteur que la mort leur a ravi et s'en vont errant au hasard sur des montagnes inconnues. Le coursier languit de tristesse, privé de son cavalier, et ses hennissements fréquents attestent ses regrets. Les campagnes, abandonnées par le cultivateur, se couvrent de ronces. Un deuil pareil s'est étendu sur les vignes et les vergers.

» Seigneur, je vous en supplie, fermez les portes de l'enfer! Fermez la bouche de la Mort! Scellez ces tombeaux que la contagion ouvre sur ses pas! Les routes sont dépeuplées; les salles de festin, les chambres nuptiales exhalent l'odeur de la corruption; partout se répand l'infection des cadavres en pourriture. La Mort a construit son pressoir au milieu de mes palais et le bruit s'en est répandu dans l'univers. De tous côtés elle a rassemblé mon peuple, et voici qu'elle le foule sous ses pieds comme le vigneron foule la grappe dans le pressoir (1). »

Le poète grec ne s'est pas appesanti sur chaque trait comme le fait le poète syrien. Quelques vers lui suffisent; il ne cherchait qu'à exciter une émotion fugitive, une de ces agitations qui, selon Montaigne, sont la vie et la grâce de l'âme. Mais le Syrien, attentif à la prière d'Éphrem, voyait passer devant lui une à une toutes les horreurs du fléau : la ville déserte, les campagnes désolées, les troupeaux errants, les airs eux-mêmes empestés par la contagion et, au sein de ce désastre, la mort foulant aux pieds tout un peuple, vives et navrantes images de ses souffrances, lugubre spectacle qui arrachait des larmes à ses paupières et des prières à sa foi.

Et maintenant, si nous jetons un coup d'œil d'ensemble sur les chants funèbres, on nous permettra de dire qu'Éphrem a varié ses accents autant que le comportait son sujet. Il pleure, il est vrai, sur toutes les tombes; mais il y a des gradations dans sa douleur. Il regrette l'évêque, il tremble pour le prêtre, il triomphe pour le religieux, il félicite l'enfant. Surtout, fidèle à sa mission de poète chrétien, il a soin de faire apparaître, au-dessus des douleurs hu-

---

(1) Necros. LXIII, 5.

maines, inséparables de la mort, l'Éternité tantôt consolante, tantôt effrayante, toujours ouverte à l'espérance et au repentir. L'antiquité païenne ne peut rien nous présenter qui égale ces lamentations. Chez tous les peuples, la mort était cependant accompagnée de plaintes et de gémissements, vaines expressions d'une douleur impuissante. Si la croyance à une vie future perçait quelquefois dans ces élégies, elle ne parvenait pas à se dégager des nuages de la mythologie ou des obscurités de la métempsycose (1). Quoi de plus décourageant alors pour l'homme que ces cris de désespoir, ces regrets accusant une perte irréparable, ces témoignages superflus d'une tendresse inutile? Aussi les chants des morts étaient-ils importuns aux esprits sceptiques de la société romaine. Le chant des *Nœnies* alors même que, par un touchant contraste, il était modulé par les doux sons de la flute et les chœurs harmonieux des adolescents (2), surprenait désagréablement leur indolence épicurienne. Horace, assuré par son génie de passer à la postérité, ne veut point qu'auprès de sa couche mortuaire retentissent ces plaintes qui ne font qu'attester la puissance de la mort : « Loin de mon cortége funèbre, écrivait-il à Mécène, les *Nœnies* et les inutiles lamen-

---

(1) V. le Rituel funéraire des Égyptiens. — M. Lenormant. Précis de l'histoire d'Orient. I.

(2) V. l'Éloquence latine av. Cicéron, par M. Berger et Cucheval. VI, 90.

tations ! Mes vers me sont le gage de l'immortalité (1). »

L'immortalité ! Éphrem, le poète des chants funèbres, la promettait aux Syriens. Il ne leur cachait pas la mort, mais dans le sein de la mort, il leur montrait la vie, non cette vie illusoire à laquelle aspirait le poète de Tibur, mais la vie qui n'aura point de fin et dont l'éternité heureuse ou malheureuse sera l'immuable épanouissement.

(1) Odes. II, 20.

CONCLUSION

Nous venons de suivre pas à pas saint Éphrem dans sa carrière poétique. Nous avons successivement étudié les diverses faces de son hymne politique, religieuse, doctrinale et liturgique. Il ne nous reste plus qu'à conclure.

La poésie d'Éphrem a sa physionomie originale qu'elle doit à la langue qui lui sert d'instrument, aux contrées et au peuple auxquels elle appartient, au caractère de son auteur. Nous avons remarqué que cette poésie, fortement *empreinte du naturel asiatique* (1), se recommande moins par la richesse des images, l'éclat des métaphores, la marche didactique et régulière des idées, que par l'usage fréquent des figures de pensées, la vivacité, la hardiesse des mouvements, l'emploi presque continuel des prosopopées. Il n'existe aucun point de contact entre le style diffus et prolixe de

---

(1) Tableau de l'Éloquence au ive siècle.

saint Éphrem, et la phrase élégante, polie et soigneusement travaillée des grands poètes grecs ou romains.

Éphrem ne soutient pas non plus la comparaison avec les poètes bibliques. Il ne possède ni leur vigueur de traits, ni la variété de leurs couleurs, ni leur majesté soutenue. Il puise son pathétique aux mêmes sources, mais le laisse se répandre et se perdre dans les longues répétitions où se complaît son génie.

La nature, si fortement accusée dans les paysages bibliques, se dessine à peine dans les hymnes d'Éphrem. Elle y figure par quelques touches simples, monotones, sans profondeur. La mer et ses vastes horizons, une voile blanche sur les flots, sur le rivage, une perle oubliée par le plongeur, le soleil parcourant les cieux, la colombe volant dans les airs ou se réfugiant au haut de la tour, les moissons dans la plaine, les troupeaux errants dans la campagne, la vigne et l'olivier ombrageant le coteau, tel est, si l'on groupe en un seul tableau les divers traits disséminés çà et là dans les hymnes d'Éphrem, l'invariable aspect que présente la nature au chantre d'Édesse. Qu'il y a loin de ce tranquille et paisible paysage aux descriptions grandioses des poètes du Nord! Cette absence de pittoresque est remarquable dans l'hymne d'Éphrem. Elle indique l'affinité de la poésie syriaque avec la poésie arabe, si riche de diamants, de pierres précieuses, de jardins enchantés, et si pauvre de ces fraîches peintures, qui reproduisent, comme un miroir fidèle, les beautés naturelles de la création. Deux autres caractères achèvent de donner à l'hymne d'Éphrem une couleur éminemment locale : les applications multipliées des textes sacrés et la recherche souvent subtile des mots à double sens. Pour nous, placés à une telle distance des mœurs, du sol, et du langage de la Syrie, nous ne pouvons apprécier, comme il le conviendrait, ce dernier mérite de la poésie d'Éphrem. Celle-ci renferme, d'ailleurs, bien d'autres beautés qui appartiennent à tous les temps et nous sont d'autant plus sensibles qu'Éphrem ne les a pas demandées aux ressources de l'art. Il les possède instinctivement. Que de fois n'avons-nous pas admiré dans les hymnes du saint diacre des traits vraiment sublimes, des coups d'aile inattendus, des saillies originales et pleines de feu, des délicatesses venues du cœur? N'est-ce pas d'une pareille poésie que l'on peut dire qu'elle est l'expression spontanée de la pensée, le fruit d'une véritable inspiration? Certes, le poète n'y cache pas l'homme, et quel homme se révèle à nous dans ces chants pathétiques, œuvre d'amour et de foi! Nous avons dû, dans cette étude, signaler, pour ainsi dire à chaque page, le dévouement d'Ephrem pour son Église et pour son peuple. C'est à ce dernier surtout que s'adressait le poète. Ses hymnes sont faites pour l'artisan, le laboureur, le berger, bien plus que pour les grands et les lettrés. Par son génie, sa langue, sa piété, ardente expression des croyances populaires, Éphrem reste avant tout l'homme du peuple, dont il partage toutes les douleurs et toutes les joies. En même temps, nous avons vu cette âme, si prodigue de ses richesses, si libérale de ses trésors lorsqu'il s'agit de ses frères, trembler pour elle-même, s'humilier sans cesse, unir enfin aux ardeurs de l'apostolat les saintes terreurs de la pénitence.

Quant à l'enseignement d'Éphrem, il nous a présenté trois grandes qualités : la clarté, la sagesse, la charité. Nous avons entendu le poète donnant une lumineuse solution à tous les grands problèmes qui intéressent la vie humaine : nous l'avons écouté parlant au nom de la mort, définissant sa mission, expliquant le douloureux mystère de la séparation de l'âme et du corps, consolant son peuple par la perspective de la résurrection et des joies éternelles du Paradis, et retenant les Syriens sur la pente fatale où les entraînait l'ardeur de dogmatiser. Sûreté de doctrine, intelligence des divins mystères, sens vif et poétique des grandeurs de la vie surnaturelle et chrétienne, toutes ces qualités d'un docteur et d'un théologien, nous les avons retrouvées dans Éphrem, et nous avons pu sans crainte comparer ses hymnes aux œuvres les plus estimées des Pères de l'Église et des défenseurs de la foi. La forme poétique de cet enseignement ne nuisait en rien à sa clarté. Éphrem ne se perd pas dans les régions transcendantes de la métaphysique ou du mysticisme. Sa parole, pour être mieux comprise, ne dédaigne pas de se faire humble et de converser avec les petits ; elle n'omet aucun des détails qui peuvent préciser la pensée. Elle tourne et retourne celle-ci sous toutes ses faces, la polit et la retouche encore, la trempe et l'aiguise et, selon la comparaison de M. Le Hir, la fait entrer dans l'intelligence à coups redoublés, comme l'on enfonce le coin dans le chêne.

Mais ce qui nous a surtout frappés, dans ces hymnes, c'est la chaleur d'émotion qui en parcourt toutes les strophes et les fait tressaillir souvent d'un bout à l'autre, malgré leurs longueurs, de fortes et généreuses pulsations. Quelle touchante sensibilité dans Éphrem ! Quels cris de détresse ! Quel vif sentiment des dangers de l'Église ! Quelles profondes douleurs en face de l'invasion ! Quelle invincible espérance en la puissance de Dieu ! Ces émotions ne cessent de remplir et d'agiter le cœur du poète. Elles répandent sur ses chants un caractère de tristesse qui les revêt d'une teinte trop souvent uniforme, je dirais presque monotone, si elle ne convenait trop bien aux scènes de deuil qui affligeaient alors la Syrie. Joignons à cette vivacité d'émotions, à cette sagesse de doctrine, les allusions continuelles au texte sacré, les commentaires ingénieux de l'Écriture, l'éclat d'un symbolisme souvent heureux, jamais vulgaire, le chatoiement éblouissant des mots à double sens, et nous aurons le secret de l'immense influence de cette poésie sur les populations de la Syrie.

Nos regards se sont souvent arrêtés sur une ancienne

gravure représentant saint Éphrem. Le poète y est dessiné dans le costume sévère des moines de l'Orient. Il porte la robe sombre, à longs plis, relevée aux reins par une ceinture de cuir; le capuchon ramené sur la tête couvre le front, et sous la croix dont il est orné, les yeux d'Éphrem semblent chercher encore son auditoire bien-aimé. Ainsi nous apparaît dans son ensemble la poésie d'Éphrem. Elle n'a ni les charmes, ni les grâces séduisantes des poésies profanes, mais, sous ces dehors austères, se voile un noble et grand génie. Pour peu qu'on s'en approche, la chaleur de cette âme se communique à la vôtre. Elle vous gagne de plus en plus, vous pénètre de sa flamme persévérante et continue, et bientôt vous brûlez des mêmes ardeurs que le poète : don précieux, heureux privilége que Dieu envoie à ses docteurs, à ceux qui ont refusé leurs lèvres au mensonge et qui, fidèles à leur mission, ont fait de leur âme intelligente, selon la belle expression de saint Éphrem, LA LYRE DE L'ESPRIT-SAINT.

Vu et lu :

Montpellier. le 17 mai 1877.

Le Doyen de la Faculté des Lettres de Montpellier,

A. GERMAIN.

Vu et permis d'imprimer :

Le Recteur de l'Académie de Montpellier,

Em. CHARLES.

APPENDICE

(N° 1)

HYMNE TROISIÈME SUR LA PERLE (1).

I.

Tu ne te caches pas
Dans ta nudité,
O Perle !
Enflammé par ton amour,
Le marchand lui-même
A rejeté ses vêtements !
Il ne voulait pas t'en couvrir.
Car ton vêtement c'est ta lumière,
Et tu te couvres de ta splendeur,
O (Perle) nue !

II.

Ève elle-même
Était vêtue dans sa nudité.
Il put la séduire,
La dépouiller,
Ce serpent détestable ;
Mais il ne peut t'enlever ton éclat,
Et grâce au mystère que tu figures,
La femme revêtira encore
La splendeur dans l'Éden.

III.

Elles brillent nombreuses
Les Perles
Dans l'Éthiopie (cela est écrit),
Dans l'Éthiopie des Africains.
Qui t'a donnée à elle ?
Celui qui a donné
La lumière aux peuples,
Aux Éthiopiens,
Et aux Indiens,
Est Celui qui t'a donné ta gloire.

IV.

L'Eunuque d'Éthiopie,
Sur son char,
Fut aperçu par Philippe :
L'homme au teint noir rencontra
L'Agneau lumineux !
(Philippe) Sortant du baptême
Invoqua Dieu,
Baptisa l'Africain,
Et celui-ci revêtit la lumière
Qui l'éclaira et le guida.

---

(1) Nous nous sommes servis pour ce travail de la traduction latine encore inédite faite par M. l'abbé Gilly, chanoine titulaire de la Cathédrale de Nîmes, auteur de plusieurs savants ouvrages sur l'Ecriture-Sainte. En le remerciant ici, nous nous permettons de faire un vœu, c'est de voir livrée à l'impression l'œuvre qu'il a bien voulu nous communiquer.

V.

Il eut des disciples. Il leur prêcha.
Ils étaient noirs.
Il les rendit blancs.
Et les Éthiopiens
Au teint brûlé
Furent changé en Perles ;
Perles que le Fils
Offrit à son Père,
Couronne brillante
De l'Éthiopie.

VI.

La reine de Saba
Brebis qui était venue
Dans le repaire des loups,
Reçut la vérité lumineuse
De Salomon !
Il fut chaste avec elle,
Quoique déjà traître à son Dieu,
Elle partit illuminée,
Et laissa (les Hébreux)
Dans leur aveuglement.

VII.

Mais l'Étincelle
Qu'elle prit avec elle
O Bienheureuse !
Dans la région des Éthiopiens
Conserva son foyer,
Jusqu'à ce que se leva
Le Soleil unique.
Alors l'Étincelle grandit
Et devint l'astre resplendissant
Qui éclaira ces contrées.

VIII.

Dans la mer,
Combien de poissons
Grands et majestueux !
Mais dans leur grandeur
Combien ils sont petits !
Et toi (Perle) si petite,
Tu embellis les diadèmes.
Tu es l'image du Fils
Qui embellit Adam,
Adam si petit.

IX.

Tu couronnes la tête,
Tu illumines les yeux,
Tu te suspends à l'oreille.
Tu as regardé du fond de la mer
Sur la terre aride !
Viens ! attache-toi
à l'oreille,
Car l'oreille aime
La parole de vie,
Comme tu la chéris.

X

Dans l'oreille est le Verbe
Et en dehors d'elle
La Perle !
En nous est l'éclat
Qui nous instruira !
Cet éclat scintille
Dans la parole de vérité.
En nous il se verra,
Et la splendeur du Verbe
Sera admirée dans notre splendeur

XI

La Perle t'instruira (ô chrétien)
Comme une lumineuse
Parole !
La branche est l'oreille,
L'arbre le corps,
Et toi, dans ce corps,
Tu produis la lumière,
Et le foyer (Dieu)
D'où jaillit la lumière
Peut être symbolisé par toi !

XII

Oui ! tu ressembles
Au Roi lui-même,
O Perle !
Et aux vierges
Qui entrèrent au nombre de cinq,
Revêtues de la lumière
De leurs lampes !
Oui, tu ressembles
A ces vierges vêtues
De leur parure de lumière.

XIII

Qui donnera
La Perle
A la Fille du pauvre,
Parure
Qui ne lui sied pas !
Distribuée gratuitement,
La Foi
Sied à tous,
A tous les hommes,
A tous les Fils de l'homme.

XIV

Lorsque pour de l'or
Le prince change
Sa Perle,
Très-grande est sa honte :
Et la tienne aussi (Chrétien), lors-
| que dans la boue
Follement tu jettes
Ta Perle.
Par la Perle
Qui doit périr
Connais celle qui est éternelle !

XV

Car la première est dans l'écrin,
Ou bien enchassée dans la bague,
Ou dans le trésor intime ;
Elle est cachée derrière des portes,
De nombreuses portes,
Avec des gonds
Et des clefs !
Mais ta Perle (ô Chrétien),
Elle est scellée par le Très-Haut.
Sagesse et justice infinie !

(N° 2)

DES DIVERSES ÉDITIONS DES POÉSIES DE SAINT ÉPHREM

Parmi les ouvrages d'Éphrem, traduits en grec de son vivant (1), ou peu de temps après sa mort (2), nul doute que ses poésies ne tinssent une place importante. On sait que l'élégie sur la ruine de Nicomédie devint promptement célèbre (3), et que les hymnes sur les Saints ne restèrent pas longtemps inconnues du monde lettré et religieux de l'Orient bysantin. Sozomène affirme que de son temps, on traduisait encore du syriaque en grec les œuvres de saint Éphrem (4). Nous ignorons s'il a voulu parler des hymnes du saint diacre. Ce que l'on doit constater, c'est que les traducteurs grecs négligèrent bientôt ces

---

(1) « Nam et ipso superstite libri ejus in græcum sermonem translati sunt. » *Sozom.* Hist. Eccl. III, c. 36.

(2) « Legi ejus de Spiritu Sancto græcum volumen quod quidam de syriacâ linguâ verterat... » *Hier.* de Script. Eccl. 115.

(3) Cf. p. 251, note 1.

(4) « Usque ad hoc tempus transferuntur... » *Sozom.* Loc. cit.

dernières, ou du moins qu'ils ne tardèrent pas à en méconnaître le caractère poétique. Saint Grégoire de Nysse, qui a puisé pour son panégyrique aux écrits mêmes de saint Éphrem (1), ne donne nulle part à entendre qu'Éphrem ait été poète. Théodoret, dans son histoire, mentionne les poésies de saint Éphrem sans en donner aucun extrait (2). Georges Syncelle, dans sa chronographie, cite quelques passages des hymnes d'Éphrem, mais il les emprunte, dit-il, à ses *sermons dogmatiques* (3). Photius, dressant le catalogue des œuvres d'Éphrem, compte quarante-neuf sermons attribués au saint diacre d'Édesse (4); il garde le silence sur ses poésies. De même, pendant le moyen-âge, la poésie d'Éphrem demeure ignorée en Occident. Vincent de Beauvais, ne connaissait de saint Éphrem que sept opuscules ou discours sur divers sujets de morale (5). Trithémius n'en cite que onze (6). Les premiers éditeurs de saint Éphrem ne sont guère plus heureux. Ambroise, général des Camaldules, ne parvient à

---

(1) « Atque ista non aliunde, sed ex iis, quæ in variis ipse suis disseminavit scriptis, didicimus ; ex quibus, inquam, sedulæ apis instar, ex plurimis floribus utilia colligentes, favum hunc spiritualem confecimus. » *Greg. Nyss.*, Encom. sancti Ephræmi.

(2) Théodoret. Hist. Eccl. II, 30.

(3) Georg. Syncel. Chronograph., edit. Paris. P. 15.

(4) Photii Bibliotheca. cap. 196, p. 511, edit. Colon.

(5) Vincent. Bellovac. Spec. Histor. XIV, 87.

(6) Trithem., de Script. Eccl.

recueillir que dix-neuf sermons ou homélies (1); Zinus, chanoine de Vérone, dix-huit seulement (2); Vossius, prévôt de Tongres, offre au public une édition complète des œuvres de saint Éphrem (3); mais cette édition, faite uniquement d'après les manuscrits grecs (4), ne contient que des discours et des homélies. On peut en dire autant de la grande édition d'Oxford, publiée par Thwaites (5); elle ne fait que reproduire en grec, d'après les manuscrits que possède l'Angleterre (6), la plupart des sermons ou homélies dont Vossius avait déjà donné une traduction latine. Pendant cette longue période de temps, c'est à peine si un ou deux poèmes d'Éphrem parviennent à se faire jour. Un anonyme avait traduit en latin quelques prières liturgiques d'Éphrem. Aloysius Lipomanus, dans sa Vie des Saints, emprunta à cette ancienne version une hymne intitulée : *Lamentatio Dei Genitricis apud Crucem stantis* (7). Le même

---

(1) « Florentiæ, 1481, Augusti 23, per Antonium Bartholomœi Mischomini. in-4° » Reproduite en français par Pierre Cueveret, sous ce titre : *La Fleur de prédication*. Paris, 1520.

(2) Venetiis apud Franciscum Rampazetum, 1564, in-12.

(3) Romæ, 1589, 1593, 1598.

(4) I. Manuscrits du Vatican. — II. Manuscrits de la bibliothèque de Sforce. — III. Trois manuscrits du cardinal Sirleti. — IV. Deux manuscrits de la Grotte-Ferrée. — V. Deux manuscrits de Saint-Marc. — VI. Manuscrit de Candie ou de Crète.

(5) Oxoniæ, typis Sheldon, 1709.

(6) Assemani (Proleg. clvi) énumère les manuscrits grecs qui ont servi à l'éditeur anglais.

(7) Romæ, apud Antonium Bladum, 1560. Vit. Sanct. viii. — Lovanii, apud. Petrum. Toletanum, 1565.

poème fut publié à Rome en 1585 (1). Vossius inséra dans le troisième volume de son édition deux discours rhythmiques de saint Éphrem et une ode sur les pécheurs (2). Le même éditeur traduisit du syriaque en latin, le cantique d'Éphrem sur la sagesse (3). Abraham Echellensis traduisit deux cantiques d'Éphrem sur la Nativité. Ils furent publiés par Jean-Baptiste Marus, en 1645 (4). Telles étaient, au commencement du XVIIIe siècle, les seules poésies d'Éphrem connues. Sans doute, parmi tant d'opuscules qui remplissent les trois volumes in-folio de l'édition de Vossius, plusieurs mériteraient plutôt le titre de poèmes que celui d'homélies. A travers les mutilations qu'ils ont eu à subir de la part des copistes ou des anciens interprètes, ils offrent encore des traces visibles de leur première forme poétique (5). Il est difficile malheureusement de fixer là-dessus des règles certaines, tellement l'éloquence et la poésie ont une physionomie et des traits semblables chez les peuples de l'Orient. Il aurait fallu, pour mettre un peu d'ordre dans cette confusion, que les premiers

---

(1) Fabricius, Biblioth. græc., 334.

(2) Tetrasyllaba oratio. III, 772 ; heptasyllaba oratio. III, 773 ; Ode optime fluens in eos qui quotidie peccant. III, 166.

(3) Ibid. I, 267. La bibliothèque du collége maronite de Rome possède une version arabe de ce même cantique.

(4) Romæ : per Franciscum Monetam.

(5) V. entre autres les discours sur le Jugement dernier, sur la Croix, sur la Passion, etc.

éditeurs de saint Éphrem eussent eu à leur disposition les manuscrits syriaques que l'on savait être cachés au fond des monastères de l'Orient ; mais ils ne travaillaient que sur une traduction grecque qui n'avait conservé elle-même ni le rhythme ni la mesure des vers d'Éphrem. Leur œuvre était donc forcément incomplète. Il appartenait à deux orientalistes célèbres de combler ces lacunes. Le premier, Joseph-Simon Assemani, découvrit dans le monastère de Nitrie, dans la Basse-Égypte, plusieurs manuscrits syriaques contenant un grand nombre des poésies d'Éphrem (1). Il revenait à Rome chargé de ce trésor, lorsque, en traversant le Nil, il eut à subir un naufrage (2). Il perdit dans cet accident une partie des manuscrits rendus illisibles ; les autres arrivèrent à Rome, mais dans un état de dégradation qui rendit sa tâche des plus difficiles au traducteur Pierre Benoît. Avec l'aide de ce savant Maronite, Étienne-Évode Assemani, neveu du précédent, publia l'édition romaine en six volumes in-folio ; les trois derniers volumes contiennent les hymnes sur la Noël (3), les hymnes dogmatiques sur les hérésies (4), les hymnes sur les scrutateurs (5),

---

(1) J. Assemani, Bibl. Orient, I, 83.
(2) Et. Ev. Assemani. Proleg. tom tertii roman. edit., 1743.
(3) Opp. Ephr. Syr.-Lat. II, 390 et sqq.
(4) Ibid. II, 437 et sqq.
(5) Ibid. III, 1 et sqq.

les hymnes sur le Paradis (1), et enfin les chants funèbres (2). Toutes ces poésies sont empruntées à des manuscrits de Nitrie dont le plus ancien remonte à l'année 531 de l'ère chrétienne (3). Pourquoi le savant éditeur n'a-t-il pas distingué par un titre différent, les discours d'Éphrem de ses poésies? Cela aurait évité à plus d'un critique l'erreur dans laquelle est tombé M. Villemain, et qui lui a fait croire que les poésies d'Éphrem avaient presque entièrement disparu (4). Il est également à regretter que l'interprète latin n'ait pas conservé dans sa traduction la forme poétique des hymnes, qu'il n'ait indiqué ni les divisions des strophes, ni le refrain, ni l'intonation ou Hirmus. Les hymnes d'Éphrem perdent grandement à cette suppression ; elles n'ont plus le même mouvement et on se persuade difficilement que ces longues périodes latines, embarrassées et obscures, représentent une poésie dont le rhythme original est si rapide qu'on a pu

---

(1) Ibid. III, 562.

(2) Ibid. III, 225.

(3) De nativ. Dom. Hymni xv. Codex Nitriensis, n° VIII (531).— De Parad. Hymni xv. Codex Nitr. n° VII.— De eodem Hymni XI. Codex Nitr. n° VII. — De Fide. Codex Nitr. n° VII. — Advers. Hæres. Codex Nitr. n° IX (834). — Necros. Codex Nitr. n° XVI (823).

(4) Saint Éphrem n'est pas le seul poète chrétien dont les hymnes nous soient parvenues défigurées par la traduction et cachées sous le nom de sermons. Les poésies de saint Sophrone, patriarche de Jérusalem, ont probablement subi le même sort. Une étude approfondie de l'hymnologie grecque pourrait aboutir sur ce point à des découvertes aussi utiles qu'intéressantes.

dire de lui qu'il donnait des ailes à la pensée. Peut-être les éditeurs romains ne sont-ils pas entièrement responsables de ces défauts. Le manuscrit, dont ils se servaient, dégradé par la vétusté, était l'œuvre d'un copiste qui n'avait pas sous les yeux le texte exact des poèmes qu'il transcrivait. M. Bickell a été plus heureux dans ses recherches au Musée britannique en 1870. Parmi les manuscrits contenant les poèmes d'Éphrem (1), il en a trouvé un venant du même couvent que les manuscrits apportés à Rome par Assemani, et remontant à la même antiquité, c'est-à-dire au vi^e siècle (2). Comme les manuscrits du Vatican, il avait été acheté par Moïse, abbé du couvent de Sainte-Marie au désert, dans un voyage qu'il fit à Bagdad, en 932. Ce manuscrit dont s'est servi M. Bickell présente un texte excellent et des plus corrects (3). C'est le texte qui est reproduit dans

---

(1) .Ces manuscrits sont au nombre de six. Ils sont ainsi numérotés : n°s 14572, 17141, 14571, 17214, 17191, 12176. Ce dernier est le plus ancien, son titre indique que la collection d'hymnes qu'il contenait était la plus considérable qui eut encore paru ; il n'en reste plus malheureusement que quelques pages.

(2) C'est le manuscrit qui porte le n° 14572.

(3) « Textum præbet optimum et accuratissimum. » *Bickell*. Carm. Nisib. Proleg.—En comparant le texte d'Éphrem donné par M. Bickell, et celui des manuscrits du Vatican, dans les passages communs à l'un et à l'autre, on jugera tout de suite de la supériorité du premier texte. Cf. *Bickell*. Proleg. 6.

les *Carmina Nisibena* (1). M. Bickell a eu soin de conserver dans sa traduction les divisions et le nombre des strophes, l'hirmus et le refrain, et a donné ainsi une reproduction aussi intégrale que possible de l'hymne syriaque. C'est donc par son œuvre, plus encore que par celle d'Assemani, que l'on apprend à connaître saint Éphrem et le véritable caractère de sa poésie. Du reste, le dernier mot de l'érudition, au sujet de saint Éphrem, n'a pas encore été prononcé. Assurément on rencontrerait de nos jours, dans les bibliothèques d'Europe, plusieurs poésies inédites de saint Éphrem. Le Musée britannique possède des hymnes manuscrites que, dès l'année 1870, le docteur Overbeck se proposait de traduire. Le docteur Cureton a publié le texte syriaque du poème d'Éphrem sur la persécution de Julien l'apostat. Puissent ces nouveaux travaux hâter l'heure où nous verrons reconstruite en entier l'œuvre de saint Éphrem, et où il nous sera permis de rendre, en complète connaissance de cause, au grand poète de la Syrie, les éloges que lui prodiguèrent ses contemporains.

---

(1) Le recueil de M. Bickell, sous ce titre *Carmina Nisibena*, contient 70 hymnes. Elles peuvent se diviser en quatre séries. La première va de l'hymne 1 à l'hymne 21 ; elle traite des événements de Nisibe, de 350 à 353 ; la seconde, de l'hymne 25 à l'hymne 30 ; elle a pour sujet le schisme d'Édesse ; la troisième, de l'hymne 31 à l'hymne 34 ; elle traite du schisme de Carrhes ; la quatrième, de l'hymne 35 à l'hymne 57 ; elle ne contient que des poésies dogmatiques et des chants funèbres.

TABLE

INTRODUCTION

CHAPITRE PRÉLIMINAIRE

VIE DE SAINT ÉPHREM.   Page 1

CHAPITRE PREMIER

ÉPHREM ET LA PROVINCE ROMAINE

Sommaire :

Troisième siége de Nisibe (350). — Délivrance de Nisibe. — Nouvelle invasion des Perses. — Destruction des moissons par les Romains. — Prise d'Anzita. — Rôle politique de la poésie d'Éphrem à Nisibe.

Page 37

CHAPITRE II.

ÉPHREM ET LES ÉGLISES DE SYRIE

§ I.

L'Église de Nisibe. — Les évêques de Nisibe. — Vologèse, troisième évêque de Nisibe. — Abraham, quatrième évêque de Nisibe. — Cession de Nisibe aux Perses. — L'Église de Nisibe après la conquête de Sapor.

Page 65

§ II.

LES ÉGLISES DE CARRHES ET D'ÉDESSE.

Vitus, évêque de Carrhes. — Barsès, évêque d'Édesse. — Rôle de la poésie d'Éphrem dans les Églises de Syrie. PAGE 111

CHAPITRE III.

ÉPHREM ET LES HÉRÉTIQUES

§ I.

MANÈS. — MARCION. — BARDESANE.

L'autorité de l'Église. — L'origine du mal. — La résurrection de la chair. — La Mort. — Le Paradis. PAGE 143

§ II.

LES ARIENS.

La Trinité. — La Foi. — Les conséquences de l'arianisme. — Les causes de l'hérésie. — Le devoir du poète. — Rôle de la poésie d'Éphrem en face de l'hérésie. PAGE 187

CHAPITRE IV.

ÉPHREM ET LA LITURGIE.

Sommaire :

Les hymnes liturgiques d'Éphrem. — Les hymnes sur la Noël. — Sur la Résurrection. — Le triomphe de Jésus-Christ. — Satan et la Mort. —

Les *chants funèbres*. — L'évêque. — Le prêtre. — Le religieux. — Le père de famille. — La mère de famille. — L'enfant. — Les étrangers. — La peste. — Résumé. Page 215

Conclusion. Page 257

Appendice (N° 1). Page 263

Appendice (N° 2). Page 267

FIN.

Nîmes. — Typ. JOUVE, rue Dorée, 24.

IMPRIMERIE P. JOUVE. — NIMES, RUE DORÉE, 24.

www.ingramcontent.com/pod-product-compliance
Lightning Source LLC
Chambersburg PA
CBHW071418150426
43191CB00008B/956